日本国債の膨張と崩壊

日本の財政金融政策

代田 純 著

文眞堂

まえがき

本書は、日本の国債がなぜ膨張したのか、このまま国債市場は問題なく推移できるのか、を問うた書である。

戦後、日本の財政支出は経済成長を先取りして増加する傾向が強かった。そして、この体質は2017年現在でも変わっていない。他方で、本来、財政支出をまかなうべき税収は不足しがちである。この戦後、経済成長とインフレが続き、1970年代前半まで、直接税の自然増収が潤沢であった。このため、日本では政策的な増税は回避されがちで、この点も現在まで変わっていない。第2章で論じるように、法人の7割程度は法人税を払っていない。また、第3章で論じるように、高額所得層の所得は、ほとんどが株式譲渡所得や配当等であり、税率は10%程度になってきた。増加する財政支出と、不足する税収の差額（財政赤字）は、国債発行によって埋められてきた。

戦後の日本では、財政法によって、原則として、国債発行は禁じられている。しかし財政法第四条によって、公共事業のために発行される国債は例外とされ、これを手始めとして拡大解釈が積み重ねられてきた。また日露戦争時に設立された、国債整理基金特別会計が今日までフル活用されてきた。

同特別会計と60年償還ルールはセットであり、国債の元利償還をイージーにしている。ゆうちょ銀行やかんぽ生命等の公的金融も、国債の受け皿として大きな役割を果たした。しかし、公的金融機関の自主運用が強まると、日本銀行の金融政策が前面に出て、国債を消化してきた。

日本の国債市場は今後どうなるのか？筆者は、三つの径路で、国債価格が暴落、あるいは長期金利が上昇する可能性があると見ている。第一には、最近の国債市場における流動性低下である。日本銀行の買い切りオペ、さらには日銀トレードによって、新発国債の流通残高が減少し、流通量が減り、売買が細っている。このため、市場の流動性が低下し、価格が乱高下しやすくなっている。何らかの要因で、投資家から売られると、価格は急落しやすくなっている。

第二に、国債先物市場の拡大と海外投資家のシェア上昇である。国債先物市場は国債現物市場よりも拡大しており、しかも海外投資家のシェアが60％程度に達している。国債現物は店頭（業者間）市場であり、今日でも一部に電話取引が残っている。しかし、国債先物は取引所取引であり、高速売買（ＨＦＴ、１０００分の1秒での取引）の世界である。何らかの要因で国債先物が海外投資家によって売り込まれると、国債先物価格が急落し、国債現物利回りが急騰する可能性がある。

第三に、日本銀行が経常利益ベースで赤字に転落する可能性である。２０１３年にアベノミクスが開始され、日銀は日銀トレードによって、額面を上回る価格で国債を購入し、償還にあたり損失を発生させてきた。また日銀は外貨準備の一部を保有し、円高で評価損を抱える。国債償還損と為替評価損が重なると、赤字となる可能性がある。当面、日銀は準備金の取り崩し等で対応しようが、損失が拡大すると、自己資本で対処できなくなる可能性もある。現行の日銀法では、財政による補填ができないため、日銀への不安、さらには通貨の信認低下につながることも想定される。

本書を公刊するにあたり、第一には、長く指導を受けてきた、岩波一寛中央大学名誉教授に感謝すべきであろう。岩波先生から、大学院時代に、1920年代のイギリスにおける租税と公債を研究する示唆を受け、研究生活をスタートさせた。その成果は、拙著『現代イギリス財政論』（勁草書房、1999年）としてまとめた。その後、日本の公債も研究し、その成果が本書となった。本書の第4章国債膨張の軌跡と論理は、岩波先生の御教示によるところが大きい。岩波先生は現在91歳となられ、昨年、お元気に卒寿を迎えられた。

第二に、公益財団法人日本証券経済研究所、ならびに同研究所の公社債市場研究会（主査：小林和子名誉研究員）に感謝したい。中島将隆甲南大学名誉教授をはじめとする研究会メンバーから、多様な教えを得てきた。とりわけ、実務的な観点も要求される、国債流通市場に関し、同研究会で勉強させてもらった。その成果は本書の第5、6章となっている。また、筆者が初めて研究職として採用されたのは、同研究所大阪研究所（二上季代司所長）でもあった。

第三に、斎藤正駒澤大学教授をはじめとする、駒澤大学経済学部に感謝したい。本書の原稿は、主として、2016年4月~9月に、ミュンヘン大学日本センターでの在外研究中に書いたものである。私立大学を取り巻く厳しい環境のなか、2016年度に研究に専念できなければ、本書をまとめることはできなかったと思う。1997年度、立命館大学に在職中にもドイツ滞在の機会があったが、約20年経過し、ドイツ社会も変化していた。

２０１７年４月から経済学部長を務めることが決まっており、しばらく研究に向ける時間は極めて制約される。その意味で、本書は研究者として、卒業論文にするつもりで書いた。最後に、本書の出版を引き受けてくれた、文眞堂の前野隆社長と編集の前野弘太さんにお礼を申し上げる。

２０１６年12月　代田　純

目　次

第1章　日本型財政金融政策と国債

Ⅰ　はじめに

本章は、本書全体の背景、ならびに構成を示す。日本型財政金融政策を特徴づける点は、成長指向の歳出膨張、直接税を中心として低い租税負担率、歯止めを失った国債発行、国債整理基金特別会計を中心とした特別会計の肥大化にある。これら4つの特質は2016年現在でも妥当するが、歴史的経緯において形成された。そこで、高度成長期の財政金融政策、低成長期の財政金融政策について、特質をまず指摘する。低成長移行後も、1980年代までのバブル形成期と、1990年代以降のバブル崩壊後では特質が異なる。そこで、Ⅱ、高度成長期の財政金融政策、Ⅲ、低成長期の財政金融政策に続き、Ⅳ、財政金融政策の現在（バブル崩壊後1990年代～現在を念頭に）として特質を明らかにする。

Ⅱ　高度成長期の財政金融政策（1950年代～1970年代前半）

高度成長期の財政金融政策の特質は、以下の諸点にまとめられよう。

第一に、1ドル＝360円の固定相場制である。(1) 対外的な為替レートを相対的には割安な水準に固定して、輸出が促進された。この固定相場制においては、国際収支の天井がしばしば課題となった。景気が拡大し、輸出とならび、輸入が拡大すると、経常収支赤字となり、外貨準備が制約されたからである。したがって景気引締め策が財政金融政策としてとられた。この時期には、為替が規制されており、民間資本移動でファイナンスされないため、外貨準備で決済される必要があった。しかし、外貨準備に制約されるまで、高度成長のなかで輸入、そして輸出が拡大した。

第二に、高い予想経済成長率を想定した、増加率の高い予算（歳出）編成である。すなわち予算編成にあたり、高い経済成長率を想定し、この成長率以上の増加率をもって予算を編成する。この政府支出が民間投資刺激的に編成されていた。政府支出と民間投資が牽引し、後述する日銀信用と民間銀行のオーバーローンで資金を供給し、高い経済成長が事後的にも達成された。

第三に、税の自然増収、ならびに民間投資刺激的な租税特別措置を持つ租税構造である。まず高い経済成長によって、自然増収が潤沢であった。事後的に高い経済成長率が達成され、インフレによる税の自然増収が豊富であった。また予算編成で赤字が見込まれても、税の自然増収によって、事後的には均衡財政が達成された。税収の所得弾性値が高い（1以上）租税構造であった。所得税・法人税の税収構成比は1960年代には62％まで上昇した。しかし、高度成長期を通じ、租税負担率（国税・地方税合計の対国民所得率）はほぼ18～20％で比較的安定した水準であった。税の自然増収が豊富であったから、毎年、所得税中心に減税措置がとられた。(2) 自然増収を背景として、減税が可能となったが、所得税減税は諸控除引上げによることが多かった。シャウプ税制で所得税の対象範囲が拡大されたことへの反作用という面もあった。減税は、法人税においては、税制面から設備投資等の誘因として、税法の本則外で、租税特別措置として認められた。租税特別措置は貯蓄の奨励、内部留保の充実、技術振興と設備近代化、産業の助成、その他を政策目標としていた。(3)

第四に、租税構造を補完する、財政投融資資金であり、財政投融資は広義の政府債務であった。(4) 政府投資の対GDP比率は、1960年代後半に10％前後であり、海外諸国と比較しても突出していた。この政府投資は、税収による一般会計からの支出のみならず、郵貯や簡保、年金など広義の政府債務によりファイナンスされた財政投融資に起因していた。以下で述べるように、高度成長期に1964年度まで一般会計から長期国債は発行されなかったが、広義の政府債務である国家信用として資金調達され、財政投融資として補完した。(5) 財政投融資は輸出や設備投資を促進するために活用された。

第五に、1965年度以降の国債発行である。まず1964年度までの期間、国債不発行主義と云われるものの、一般会計の長期国債が発行されなかっただけであり、一般会計の短期国債、公社・公団などの政府保証債等は発行されていた。公社・公団・公庫等債券は収益事業公債と考えられる。本来、収益事業公債では受益者が明確である。他方で、元利償還は公共料金から支払われ、租税負担の問題はない、と考えられる。ただし収益的公営事業の性格が問題となる。収益事業が公共的範囲を超え、なおかつ財源が収益的事業公債によるならば、本来、緊急度の高い公共需要に配分される資源が制限され、資源配分の問題を惹き起す。[6]

図表１-１が示すように、１９６５年度に一般会計の長期国債発行が開始され、初年度は特例（赤字）国債として発行された。[7] 一般会計における普通公債をめぐる負担問題として、受益者が明確ではないことがある。したがって元利払いの租税負担者と公債保有者の負担帰属、すなわち所得再分配問題を惹き起す。また１９６５年度発行の赤字国債は、当初、現金償還が明示され、借換償還はできないこととされた。

１９６５年度において、すでに借換国債の規定は存在した。借換国債は財政法第四条と関係なく、国債整理基金特別会計法第五条で発行が認められてきた。[8] 国債整理基金特別会計は明治39年３月制定で、同法の第五条が借換債発行を規定してきた。[9]

もともと昭和７（１９３２）年まで、国債整理基金特別会計法第二条第一項により、「前年度首の一般会計国債総額の1・16％を、一般会計から同特別会計へ繰り入れ」と規定されていた。しかし、昭和７年の満州事変後、赤字国債が増発され、「国債償還資金の繰入一部停止に関する法律」により、1・16％の３分の１（約０・39％）へ引き下げられ、戦後まで維持されてきた。同時に、戦後、財政法六条により、一般会計剰余金の2分の1を国債整理基金特別会計に繰り入れることとされた[10]。さらに1967年度に、1.16％の3分の1という規定が変更され、「前年度期首の国債残高の1.6％分を一般会計から国債整理基金特別会計に繰り入れる」という規定となった[11]。

第六に、政府需要と民間投資に対し、日銀信用と民間銀行のオーバーローンにより、金融面から資金が供給された。日銀と民間銀行のオーバーローンは、裏を返せば、企業のオーバーボロウイングであり、企業は銀行借入により設備投資を拡大した。大企業と都市銀行の結びつきは強く、融資を通じて、メインバンク関係が形成された。都市銀行は系列関係を背景として、集中融資した[12]。

Ⅲ　低成長期の財政金融政策（1970年代後半以降）

オイルショックを契機として、高度成長の行き詰まりが、1970年代半ば以降、発生した。契機はオイルショックにせよ、高度成長による設備投資の生産力化と供給力の累増が露呈した。民間設備投資誘発率が低下し、総需要増加率が低下し、所得と税収の増加率が低下した。税の自然増収が逓減し、1965年度から一般会計赤字となった[13]。

低成長期の財政金融政策の特質は、第一に、輸出の増加、その後の円高不況による輸出伸び悩みと、内需転換への圧力であった。変動相場制へ1970年代前半に移行し、円の為替レートは上昇した。同時に、為替規制の緩和が進んだため、外貨準備制約から解放され、経常収支の黒字は民間資本

図表1-1　日本財政の主要指標

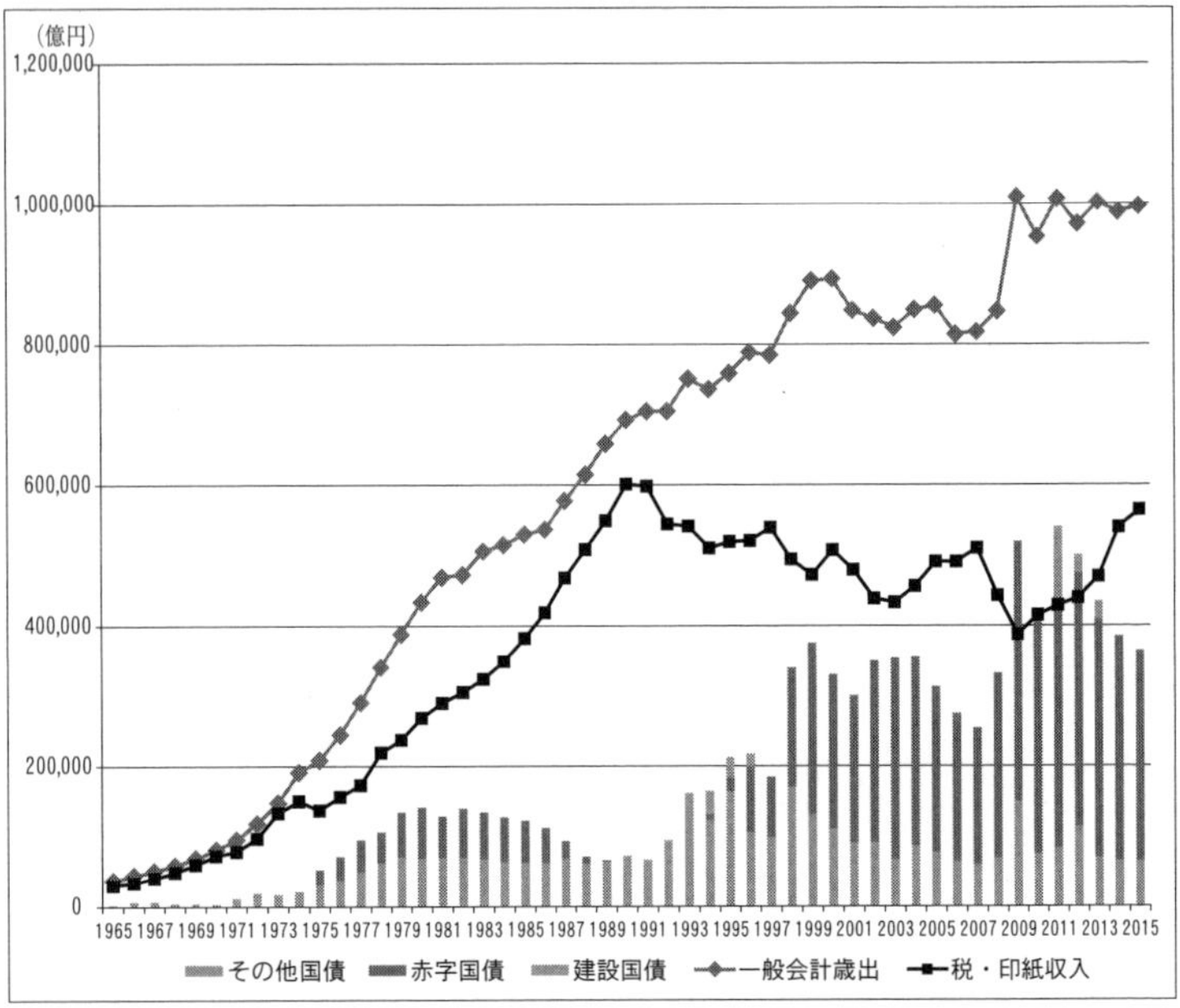

（出所）　参議院予算委員会調査室、『財政関係資料集』から作成。

移動によりファイナンスされた。民間貯蓄は超過しており、資本輸出によりマクロ的不均衡は調整されることとなった。また経常収支黒字の拡大は、アメリカの内需拡大圧力となり、1990年代後半から、財政支出拡大で公共事業が増加した。

第二に、低成長移行後も、予想成長率を超える、増加率の高い予算（歳出）編成が継続したことである。図表1-1が示すように、日本の一般会計歳出額は低成長移行後も、ほぼ一貫して拡大してきた。すでに述べたように、アメリカからの内需拡大圧力もあり、1990年代において、政府投資は増加した。さらに2000年以降には、社会保障関係費が増加した。しかし、日本的な政治体質もあり、歳出削減には踏み込めないまま、今日に至っている。

第三に、租税特別措置などが温存された租税構造が継続したことである。図表1-1も示すように、税収は1970年代後半から1990年前後までは、増加が継続した。高度成長期に見られた税の自然増収メカニズムが弱まったにせよ、継続していたと見られる。1970年代後半から1980年代前半にかけて、消費者物価上昇率は低下したとはいえ、5%前後であったから、名目的インフレによる税の自然増収が発生していたと考えられる。このメカニズムは80年代半ばに弱まったものの、80年代後半から、プラザ合意と円高に伴う地価・株価の上昇（いわゆるバブル）で、復活したのであった。しかし、バブル崩壊以降、資産価格と消費者物価はいずれも低迷し、税の自然増収メカニズムは崩壊した。図表1-1も示すように、1990年以降、税収はほぼ一貫して減少、もしくは低迷してきた。長期化したデフレで税収が減少し、予算編成よりも事後的には赤字が拡大した。所得税・法人税合計で税収の50%程度（2009年度）へ低下した。

高度成長期以降、租税特別措置は転換されつつあった。しかし、高度成長期の惰性で、所得税軽減の減税要求が強まった。特に人的控除引上げで、給与所得控除等が拡大された[14]。結局、所得税について本格的な増税ができないまま、今日に至った。法人税についても、各種の租税特別措置は存続し、減税が繰り返されてきた。図表1-2が示すように、現在でも租税負担率は20%台半ばであり、イギリス、ドイツ、フランスといった欧州諸国と比べ、明らかに低い。欧州諸国は旧社会主義国（ドイツ

図表 1-2　租税負担率の国際比較

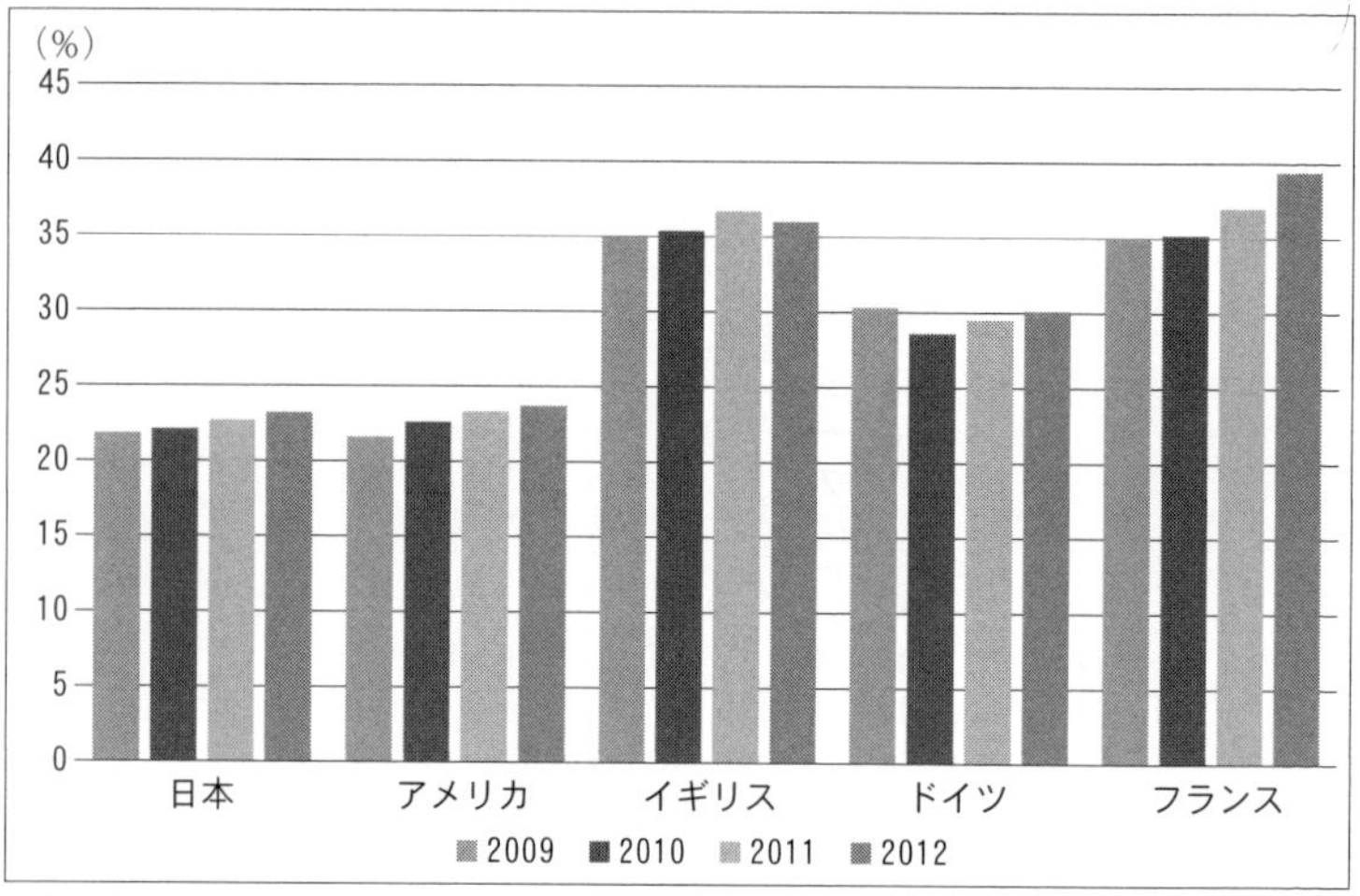

（出所）図表 1-1 に同じ。

は旧東独）と地理的に近く、その影響を受け、政府部門が拡大したことも作用している。

第四に、財政投融資の改革と縮小である。高度成長期に、郵貯・簡保・年金などで調達された国民の貯蓄は、財政投融資を経由して、公共事業や、企業の設備投資資金、あるいは輸出金融として貸出されてきた[15]。しかし１９９０年代以降、法人部門は資金余剰部門となり、とりわけ大企業は自己金融化を強め、また多国籍化した。こうした変化のなかで、高度成長型の財政投融資は改革され、郵貯・簡保・年金は自主運用となった。とはいえ、郵貯・簡保・年金は運用規制が課されており、結果として２０００年度前後まで国債の保有額が急増した。

第五に、財政法第四条による四条国債の発行が開始され、さらに特例国債の発行が恒常化したことである。１９６５年度には特例国債が発行されたが、1966年度からは四条国債が中心となり発行された。本来、「建設国債」は生産的公債であり、自償性を持つ。しかし、実際には、日本の四条国債は公共事業からの収入等により減債されておらず、自償性を有していない。また四条国債は、公共投資支出により、乗数効果を持つ面もあったが、乗数効果は徐々に低下したものと見られる。

特例国債の発行恒常化は1975年度以降であった。四条国債に加え、特例国債が発行されたが、個人貯蓄率が高く、財政赤字（ひいては財政危機）は深刻化しなかった[16]。特例国債により調達された資金は、2000年以降、主として社会保障費等の移転的経費に支出されており、自償性や乗数効果はない。1975年度に、大平蔵相は、特例国債が現金償還されるとした。しかし、償還が近づいた1984年、財政制度審議会は特例国債について、借換償還と60年償還ルールの適用を答申した。さらに1994年、特例国債＝減税特例国債の発行が再開され、1996年～1998年に所得税減税が実施された。小渕（1998年～）、森（2000年～）内閣での大幅な国債発行となっていった[17]。結局、低成長に移行しバブルが崩壊して、税収は減少したが、歳出は膨張を続けた。それは、もっぱら国債依存によって可能となった。図表1-3は債務残高の対名目GDP比率を示すが、日本の同比率は近年は230％に近づいており、国際的に突出している。日本では、国債発行に対する歯止めが実質的になく、財政法も形骸化しており、また日銀信用が国債を支えた。第4章で触れるが、ドイツでは憲法改正までして、国債発行に歯止めをかけ、財政の健全化をはかっている。ドイツと日本は対照的である。日本では財政規律を弛緩する政策を掲げる政党が国民から支持されやすいが、ド

図表 1-3　債務残高の対名目 GDP 比率

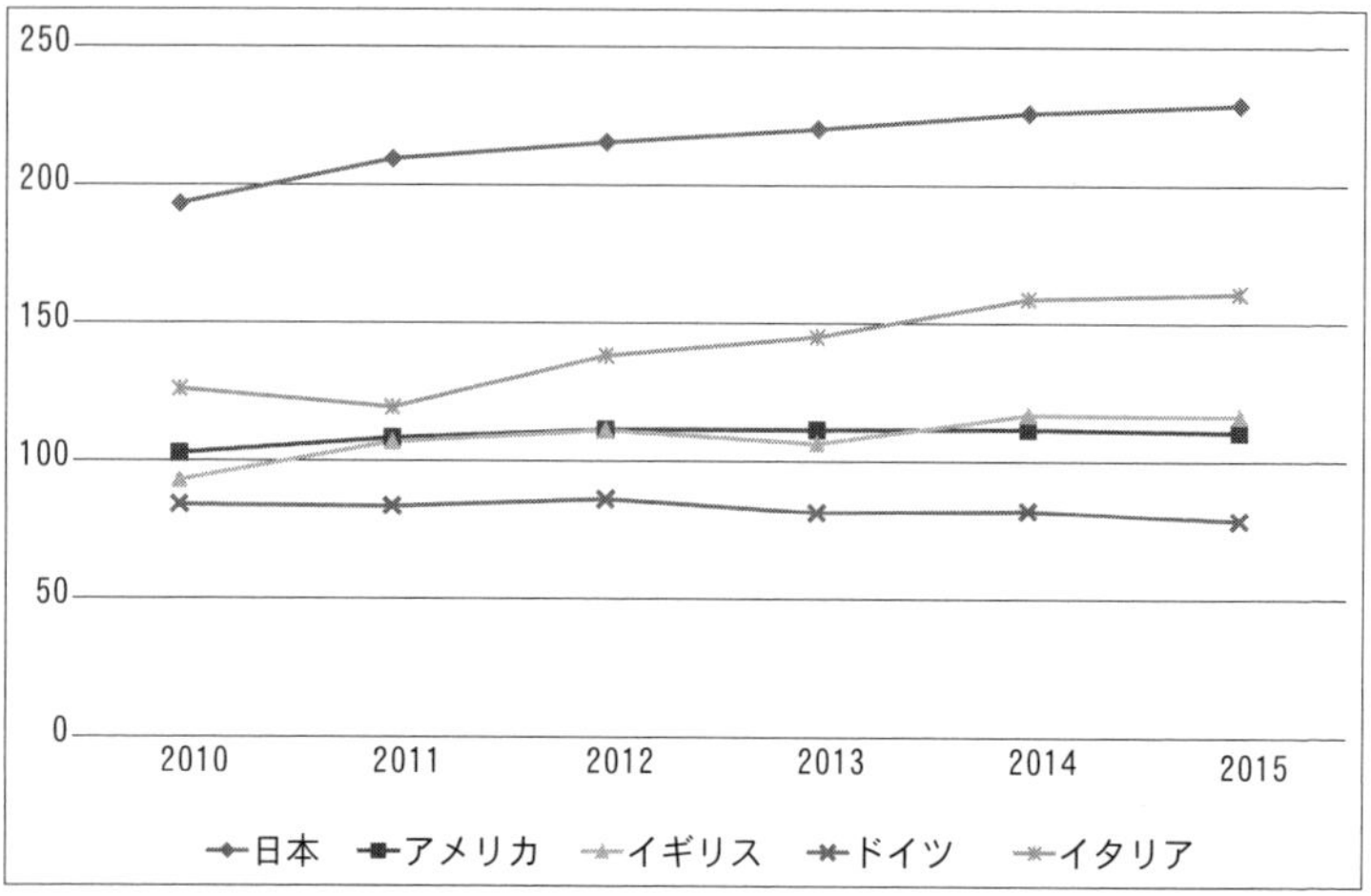

（出所）図表 1-1 に同じ。

イツでは異なる。

第六に、特別会計の肥大化である。国債償還の60年ルールは、借換国債の発行が国債整理基金特別会計によることと、表裏一体である。借換国債の発行が一般会計ではなく、国債整理基金特別会計に移管されることで、一般会計による国債発行額は圧縮され、問題が見えにくくなっている。さらに60年ルールが特例国債を含めて適用されることで、一般会計による元本償還費（国債整理基金特別会計へ繰り入れ）は極めて小さくされている。１０００兆円を超す国債残高にかかわらず、一般会計の国債費が抑制されてきた主因は、国債整理基金特別会計と60年ルールであろう。さらに外国為替資金特別会計も大きい。外国為替資金特別会計は為替平衡操作の特別会計であるが、過去の円高介入（ドル買い）のストックで、保有する米国債は膨大であるが、評価損も発生させてきた。最近の問題は、外国為替資金証券の発行を通じて、一般会計繰り入れが増加していることである。

第七に、日銀による国債買い切りオペ額急増、日銀ならびに民間銀行による国債保有急増である。1999年に日銀はゼロ金利政策を開始し、その後量的緩和政策となったが、主要な政策手段が国債の買い切りオペであったことに変わりはない。1999年以降、日銀は国債買い切りオペで、国債保有額を増加させてきた。1990年代以降、法人の資金余剰と大企業の自己金融化が強まり、日銀と民間銀行がオーバーローンで法人に資金供給する図式は変わった。このため、メインバンクの弱体化が進み、銀行の対企業影響力は低下した面もあるが、銀行の企業への関与が終焉したわけではない。企業は、危機管理対策としても、銀行との関係を維持している。トヨタ自動車の有利子負債残高は19兆6671億円（2015年6月末現在）あり、前年比で3兆円以上増加している。自動車ローン関係で連結子会社の負債残高が増加している。

Ⅳ　財政金融政策の現在

1990年以降、いわゆるバブル（株価・地価の高騰と下落）が崩壊し、同時に財政金融政策を取り巻く環境に、大きな変化が起こった。従来と異なり、物価上昇率が下落基調になったこと、為替規制等の撤廃により資本移動が自由化され大企業の海外直接投資が増加したこと、資金循環構造で法人が資金余剰に転じたこと、等である。

まず、バブル崩壊後、デフレが恒常化し、税の自然増収は、逆に自然減収となった。第4章の図表4-3が、長期金利と消費者物価上昇率の長期トレンドを示すが、1990年以前は消費者物価上昇率がプラスになっていたが、1990年以降、特に2000年以降はマイナスになっていることがわかる。後述するように、日本の物価が下落しがちな要因としては、複数の要因があるが、ここでは大企業の海外投資増加と深く関連していることを指摘しておく。企業が円高対策で海外シフトし、雇用も海外シフトしたため、国内雇用と賃金には恒常的に下方圧力がかかるようになった。この結果、国内で需給ギャップが発生し、物価は低下しがちとなった。

物価が低下しがちとなることは、財政金融政策にも大きな影響を与える。まず税収が低迷した。高度成長期からバブル期までは、インフレに伴う税の自然増収が所得税を中心に潤沢であったから、財政赤字は事後的に縮小していた。しかし、逆にデフレが定着すると、税収は減少する。日本の場合、このプロセスは高齢化に伴う所得件数の減少と重なった。

高齢化に伴い、現役を引退し、年金生活に入る人数が増加することは、所得件数の減少、または勤労所得から年金等のその他所得への移行を意味する。所得件数の減少は、直接、所得税税収の減少をもたらす。さらに、我が国では公的年金への課税は、年金保険料の拠出局面（社会保険料控除）でも、年金の受取局面でも実質非課税となっている（第3章参照）。デフレと高齢化は、二重に税収減に作用した。

企業の海外投資増加は、国内設備投資減少と同時に進行した。企業は海外では設備投資を行ったが、国内では抑制した。国内では自動車、家電製品にしても買い替え需要中心であり、量産投資の必要性はない。企業は設備投資を減らし、資金循環面では企業部門は資金余剰となった。企業の資金余剰は、法人税の減税によっても加速した。法人税の負担が重ければ、企業は減価償却費等（設備投資）を増やし、損金を拡大することで課税所得を減らす。しかし、法人税の減税が継続し、また多様な非課税措置もあるため、企業は所得を計上し、内部留保を強めることとなった（第2章参照）。

デフレによる税収減にもかかわらず、歳出膨張は今日まで継続している。これが可能になった要因は、歯止めなく国債発行で資金調達できたことである。日銀信用の全面的拡大によって、日本国債は2016年まで消化されてきた。同時に、日本の国債は一般会計から切り離され、国債整理基金特別会計に借換国債として移管され、60年償還ルールによって償還されている。国債整理基金特別会計による借換国債の発行と60年償還ルールが、巨額な国債を存続させてきた鍵であろう。

国債整理基金特別会計は、一般会計以外で発行された政府債務、借入金等の利払い、償還も含み、すべての政府債務を一元的に扱っている。例えば、地方税及び譲与税配付金特別会計は約33兆円の借入金残高があり、ほぼ同額を国債整理基金特別会計に毎年繰り入れている。地方税及び譲与税配付金特別会計の借入金は短期借入金であり、ほぼ全額を毎年国債整理基金特別会計経由で元利償還する。この資金の流れは一般会計には出てこないし、国債整理基金特別会計の規模は極めて大きい。

図表1-4は、特別会計全体の純計（一般会計との重複等を除く）を示している。まず、特別会計

図表 1-4　特別会計純計 195 兆円の構成

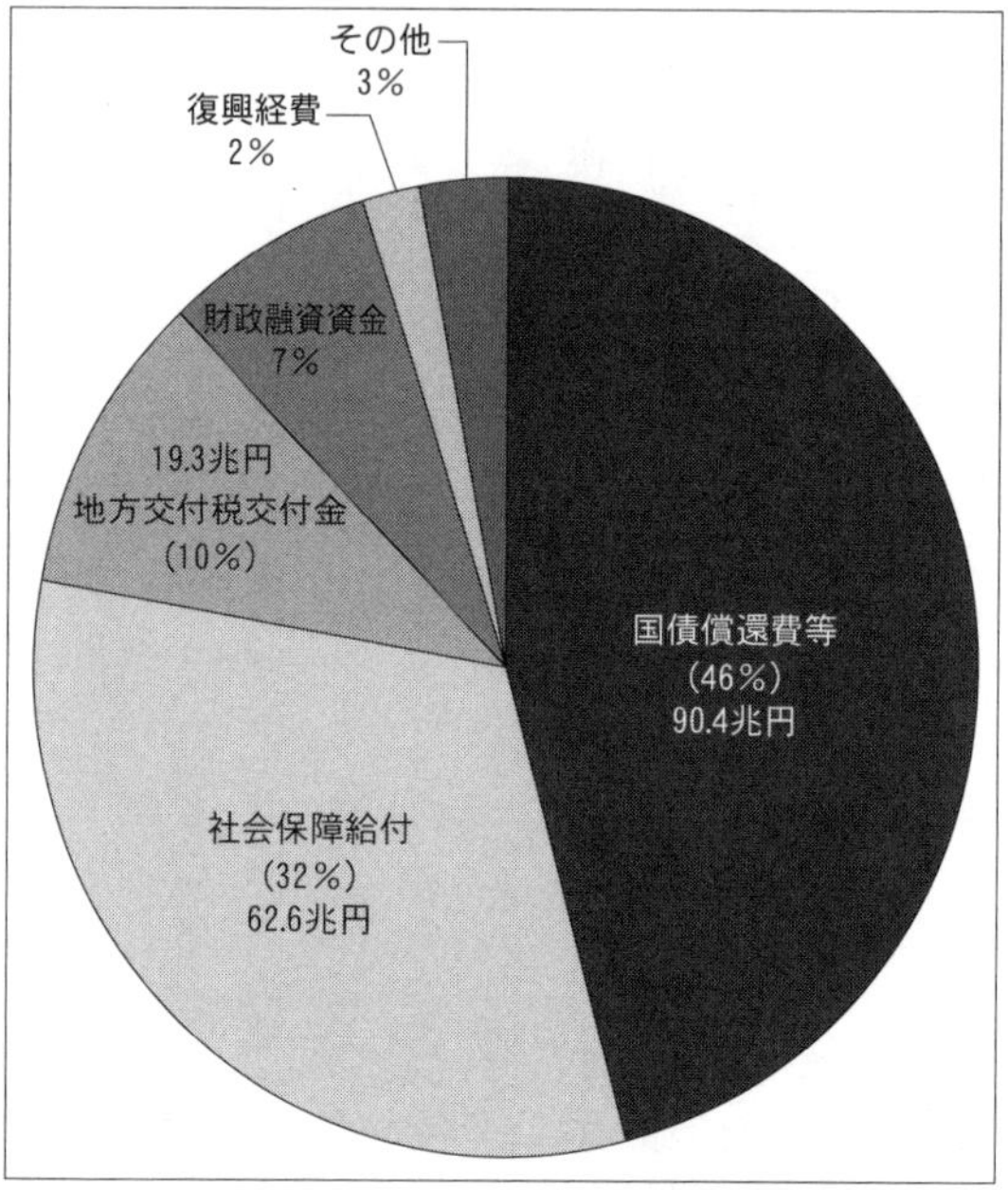

（出所）　財務省、『特別会計ガイドブック平成 27 年版』、11 ページ。

だけで合計額は195兆円に達しており、一般会計の倍近い規模である。その主要な理由は、国債償還費等が90・4兆円計上され、46%を占め、社会保障給付62・6兆円、32%を上回っていることである。国債整理基金特別会計では、満期を迎えた国債、借入金を償還すると同時に、借換国債を発行する。したがって、資産・負債の両建てで規模が膨らむ。

そもそも国債整理基金特別会計ができた時期は明治38年3月にまで遡る。明治38年3月という時期から、同特別会計が日露戦争の戦時国債処理のために設立されたことがわかる。国債整理基金特別会計は戦時財

図表 1-5　主要国の財政指標

	プライマリー収支	公債残高	資金調達必要額	国債平均残存期間	国債非居住者シェア
	(2016・対 GDP 比)	(2017 年・対 GDP 比)	(2014 年・対 GDP)	(2016 年・年)	(2015 年・公債)
イタリア	1.4	131.7	28.4	6.4	40
ドイツ	1.1	65.9	6.8	5.9	62
フランス	−1.6	98.8	16.9	7	64.8
スペイン	−0.9	98.5	20.7	6.1	50.9
オランダ	−0.7	64.9	14.3	6.3	56.6
ベルギー	−0.5	106.5	15.2	8	65.1
オーストリア	0	83.8	11.5	7.9	82.4
フィンランド	−2.6	66.2	8	5.7	84.3
ポルトガル	1.1	127.3	20.7	6.8	72.4
アイルランド	2	84.6	8.7	11.5	66
イギリス	−1.6	87.9	11.6	14.8	30
米国	−1.8	107.5	24.4	5.7	32.5
日本	−4.8	250.9	57.9	7.2	9.3
カナダ	−1.8	90.6	16	5.4	22.4

(出所)　Banca de Italia, *Financial Stability Report* 各号。

政の産物であるが、2016年に至るまで、国債処理手法としてフルに活用されてきた。イギリスでも戦時期には、減債基金は存在したが、現在は債務管理勘定（Debt Management Account, DMA）として国家貸付基金から貸付（2011年度に520億ポンド）を受けているに過ぎない。また、イギリスやドイツなどで、「新規財源債」と「借換国債」が区別されるようなこともなく、こうした区分自体が日本独自である。

日本の財政赤字や国債残高を見ると、国際的に突出して悪化している。図表1-5は主要国の財政指標である。プライマリー収支（利払いを除く財政収支）はドイツやイタリア、アイルランドで黒字化しているが、日本はマイナス４・８％（対ＧＤＰ比）である。公債残高の対ＧＤＰ比率も、イタリア、ベルギー、ポルトガルを除き、多くのユーロ参加国で１００％以下に抑制されているが、日本は２５０％である。日本国債は、資金調達必要額（単年度赤字プラス満期償還国債）に至っては、日本は58％と突出している。日本の国債市場は、格付けもシングルＡであり、とても投資対象にならないように思われる。しかし、日本の国債市場は、国際標準から見ても、そこそこの流動性を有し、海外投資家から見て、投資しやすい面もある。この流動性を支えているのは、債券ディーラーの売買であり、債券ディーラーの資金調達等はレポ取引によって支えられてきた（第５章参照）。しかし、最近は流動性の低下が目立つ。また国債先物市場が拡充したことも、流動性の面から国債売買を支えてきた（第６章参照）。しかし、２０１６年までの国債市場は、日銀が償還損を抱えることで、維持されてきた（第７章）。したがって、遅くない時期に、この矛盾は露呈すると思われる。

Ｖ　まとめに代えて

以上で、見てきたが、日本型財政金融政策の特質は、①高度成長期の税収増を先取りした歳出増加が継続していること、②高度成長期に20％程度であった租税負担率が今日でも基本的に維持されていること、③財政法が形骸化し、歯止めなき国債発行が財源として活用されてきたこと、④60年償還ルールと国債整理基金特別会計、さらに日銀信用が国債膨張を支えてきたこと、⑤国債市場の流動性は、レポ取引や先物取引で国際標準であったこと、⑥外国為替資金特別会計、財政投融資特別会計等の特別会計から一般会計繰り入れが増加していること、にあろう。

(注)

(1) 林栄夫、『財政金融』、筑摩書房、１９７２年、7ページ。
(2) 石弘光、『現代税制改革史』、東洋経済新報社、２００８年、１９３ページ。
(3) 同〔２００８〕、１８２ページ。
(4) 林〔１９７２〕、10ページ。
(5) 国家信用に関しては、岩波一寛、「公信用」、『現代財政学体系Ｉ』、有斐閣、１９７４年、１４５ページ。
(6) 林栄夫、『財政論』、筑摩書房、１９６８年、２９６ページ。
(7) 『昭和財政史　昭和27～48年度　7　国債』、東洋経済新報社、１９９７年、３４２ページ。
(8) 鈴木武雄、『日本公債論』、金融財政事情、１９６５年、28ページ。
(9) 中島将隆、『日本の国債管理政策』、東洋経済新報社、１９７７年、１８２ページ。
(10) 鈴木武雄、『現代日本財政史』、東大出版会、１９５０年、１７０ページ。
国債整理基金特別会計法は、２００７年に廃案となり、「特別会計に関する法律」となった。
(11) 鈴木武雄〔１９６５〕、51ページ。
(12) 川口弘、『日本の金融』、日本評論社、１９６６年、77ページ。
(13) 林栄夫〔１９７２〕、18ページ。
(14) 石〔２００８〕、３６０～３６２ページ。
(15) 龍昇吉、『現代日本の財政投融資』、東洋経済新報社、１９８８年、23ページ。
(16) 石〔２００８〕、３４３ページ。
(17) 中島将隆、「なぜ赤字国債の無制限発行が可能になったか」、『証券経済研究』、第81号、２０１３年3月、17～35ページ。
(18) 拙著、『現代イギリス財政論』、勁草書房、１９９９年、39～57ページ。

第2章　我が国の法人税と課税所得
～法人の7割は法人税未納～

Ⅰ　はじめに

本章は、我が国の法人税税率に関する議論を踏まえ、受取配当の益金不算入、繰越欠損金制度等によって、課税所得が浸食されてきたことを明らかにする。このため法人の7割程度が法人税を払っていない。さらにメガバンクへの繰越欠損金制度の適用に関し検討する。

法人税は、法人の総益金から総損金を差し引いた差額である純資産増加分から、資本取引に基づく純資産増加分を控除した、課税所得に対し課される。(1) この場合、総益金および総損金等は、税法によって規定され、会計上の売上高や費用とは異なっている。また資本取引、すなわち株式発行等による純資産増加は、課税対象とはならない。

税法と会計の矛盾に対応する制度が、税効果会計である。例えば、銀行が貸倒引当金を増加させた場合、会計上は費用となるが税法ではすぐに損金処理できない。銀行で貸倒れが確定して、初めて損金処理が可能となる。そこで、将来、貸倒れの可能性が高く、法人税が還付されるならば、税還付額（見込み）を繰延税金資産として計上することができる。繰延税金資産とは、将来の税還付を見込んだ債権とも言えよう。[2] 繰延税金資産は評価性資産であり、その計上をめぐっては厳密性が要求されるが、銀行の自己資本とされてきた経緯もあり、多様な議論がある。

税効果会計により計上される繰延税金資産の構成要因のひとつが、繰越欠損金制度である。法人が課税所得で大きな損失（赤字）を計上した場合、その後黒字となった場合でも、赤字分だけ黒字を相殺できるという制度である。法人が課税所得で欠損を計上すると、その欠損額（×法人税税率）を繰延税金資産に計上し、次期以降での課税所得から差し引くこととなる。したがって、欠損期以降、会計上では利益が計上され、株主へ配当が分配されていても、法人税の納税が免除されることとなる。

3大メガバンクは、2000年前後に不良債権処理に関わって、課税所得ベースで大きな損失（欠損）を発生させ、2000年以降、繰越欠損金制度によって、法人税の納税を一定期間免れてきたと言われる。[3] この事態は、税理論からすると、重要な検討課題であろう。我が国の現行税制の枠組みは、シャウプ勧告に基づく1950（昭和25）年の税制改革まで遡る。シャウプ勧告では、法人擬制説に基づき、法人の（一定の法人税課税後）内部留保は株価に反映されるから、個人に対するキャピタルゲインを課税する、といった制度がとられた。同時にキャピタルロスの控除も提案された。[4]

2000年以降のメガバンクに対する課税のあり方では、法人段階では課税がないので、内部留保分も配当分も非課税となった。個人段階で、配当分については、個人所得税で10～20％（多くは源泉徴収）課税され、キャピタルゲインも多くは特定口座で10％の源泉徴収となった。法人擬制説の観点からしても、問題が残ると思われる。

Ⅱ　法人税税率をめぐる議論

税は社会的経済余剰に対する権力的参加とされる(5)。所得の生産局面、分配局面、支出局面でそれぞれ課税される。所得の生産局面では財産課税が、所得の分配局面では所得課税（個人、法人）が、所得の支出局面では支出課税が対応する。所得の支出には、消費のほか、投資もあるが、投資には原則として課税されない。これは資本制社会では、資本の再生産活動が阻害されないよう、資本元本不可侵の原則が貫かれるためである。

法人課税にはふたつの立場がある。法人擬制説と法人実在説である。法人擬制説は、法人は擬制であり、法人は個人株主の集合体であるから、法人所得は個人に帰属すると考える。ただし、配当は個人段階で課税すればよいが、内部留保については法人段階で課税する必要がある。法人の内部留保は個人段階では課税できないからである。このために擬制説の観点からも一定の法人税は肯定され、個人段階で調整される。シャウプ勧告においては、内部留保は株価に反映されるとされ、個人のキャピタルゲインは全額課税とされた。他方、法人実在説は法人が独自の存在であり、個人とは独立して課

図表2-1　法人税の税収と税率

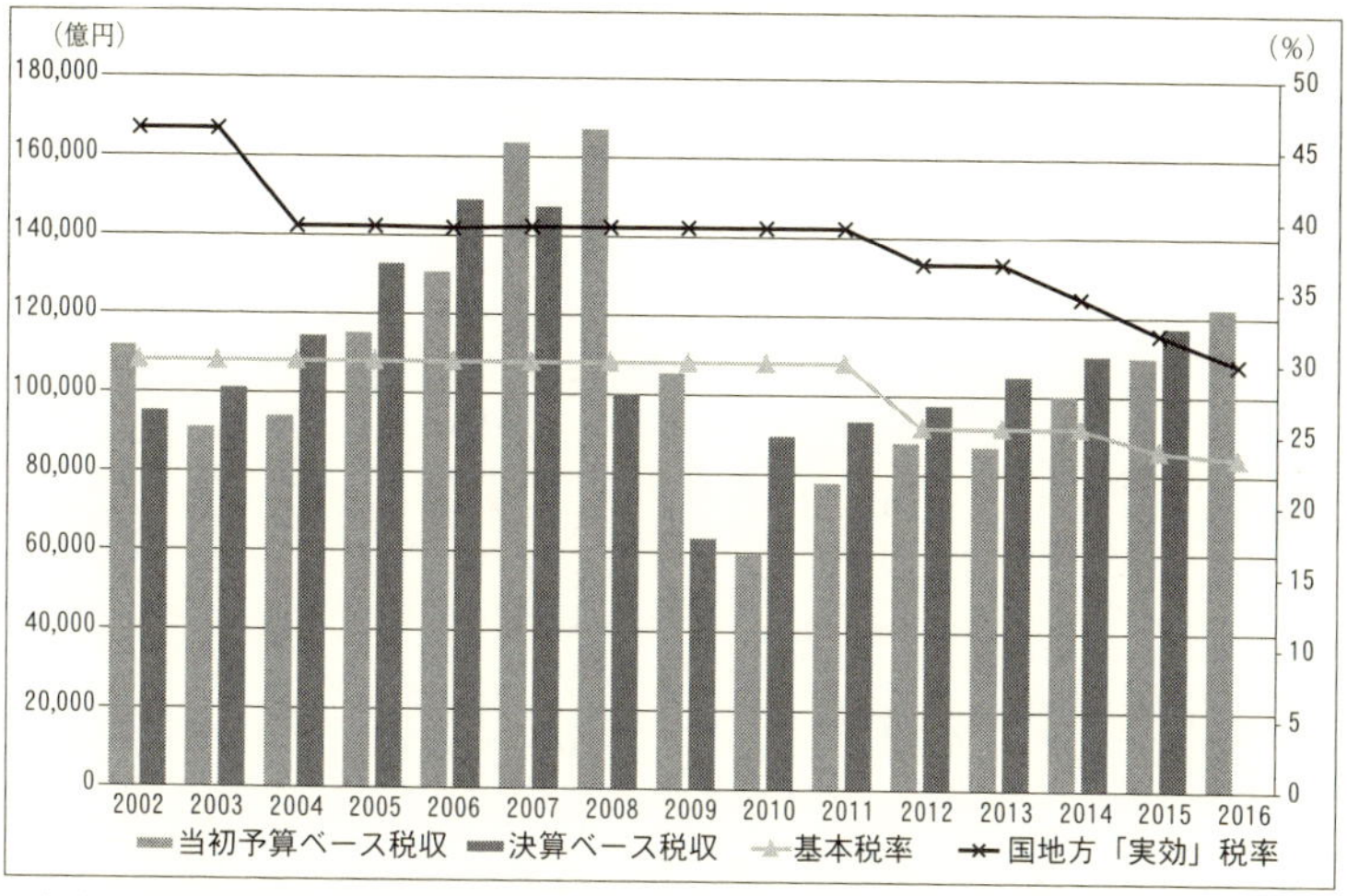

（注）2015年度の決算は、補正後予算ベース。税収は左目盛、税率は右目盛。
（出所）参議院予算委員会調査室、『財政関係資料集』から作成。

税すべきとする。ただし、法人税税率をどうするか、という問題がある。また法人実在説からもキャピタルゲインは課税される。

近年、経団連等からは日本の法人税率が高い、と主張されてきた。図表2-1は法人税の基本税率と、地方税も合わせた「実効税率」を示している。まず、この「実効税率」という用語法に問題がある。財政学で実効税率という用語は、名目税率、あるいは表面税率に対応して使用される概念である。すなわち、例えば、法人税の表面税率もしくは名目税率が40%であったとしても、各種の控除等があり、実際は30%しか課税されていないという場合に、「実効税率」という用語が使用される。しかし、ここでは資料に従い、国と地方の税率を合わせたという意味で、「実効税率」という用語を使用する。法人税では、国税において資本金1億円以上において基本税率が適用されている。他方、資本金１億円以下では軽減税率が適用され、図表２−１において基本税率は２００２年度以降30％であったが、２０１２年４月から25・5％に引き下げられ、さらに２０１６年４月からは23・4％へ引き下げられている。この間、軽減税率は１９９９年度から２００８年度までは22％、２００９年度からは18％、２０１２年度からは15％とされてきた。概ね軽減税率は、基本税率を８ポイントほど下回ってきたと言える。(6) しかし中小企業に対する軽減税率が、負担軽減となっているか、評価は難しい。後述するが、法人全体の約７割が欠損法人であり、もともと納税していないからである。

国税と地方税を合計した「実効税率」（地方の法人事業税は、外形標準課税の対象となる資本金１億円以上の法人に適用される標準税率。２０１２〜13年度は、基準法人税額10％の復興特別法人税を含む。）は、２００７〜２０１１年度が39・54％、２０１２〜２０１３年度が37％、２０１４年度が34・62％、２０１５年度が32・11％、２０１６年度が29・97％となっている。この税率に関し、経団連等は「日本の法人税率は高い」と主張してきた。(7) ２０１５年現在で、海外の同税率は、イギリス20％、ドイツ29・66％、フランス33・33％、アメリカ40・75％と言われる。(8) イギリスは日本より低いが、独仏はさほど変わらず、アメリカは日本よりも明らかに高い水準にある。しかし、制度の相違もあり、国際比較は単純にはできないと思われる。

また法人税のパラドクスという観点から、法人税税率の引き下げが提唱されている。(9) これは法人税を減税したほうが、法人活動が活発化するから、結果的に法人税税収が増加する、といった論理である。図表2-1は、法人税税収の当初予算ベースと決算ベースを示している。2003年度から2006年度にかけて、リーマンショック前に景気が回復していた期間では、当初予算の法人税税収を決算が大きく上回った。この間、基本税率は30%で一定である。他方、2007年度から2009年度にかけては、リーマンショックの影響から、当初予算を決算が大幅に下回る事態が続いた。この間も、法人税率は一定である。2010年度から2013年度にかけて、再び当初予算を決算が上回っているが、やはり景気が回復したことに伴うものであろう。こうして、法人税税収は税率よりも、景気動向によって規定されていると考えられる。

法人税税率を考える場合、財政学の観点からは、個人所得税の税率との関係が不可欠である。法人擬制説（法人は個人の集合体とする）からすると、法人の内部留保は個人株主に帰属するものである。しかし個人株主の所得階層は多様であり、低所得階層から高所得階層まで広がっている。したがって個人株主が課されるべき税率（個人所得税と法人税の総合税率）も、低税率から高税率まで多様である。しかるに、単一の法人税税率で課税することは、高所得層の個人株主には有利（低負担）となる一方で、低所得層の個人株主には不利（高負担）となる。[10] 2011年度まで法人税基本税率は30%であったが、所得税税率は1999〜2006年度に10〜37%、2007〜2014年度に5〜40%であった。法人擬制説の観点からは、法人段階の課税は個人段階で調整される必要がある。所得税率10%の個人株主は、本来、前払いした30%の法人税について還付される必要があるが、現実には還付されない。

さらに法人税税率について、所得税税率との関係が重要であるのは、いわゆる法人成りの問題があるからである。個人形態では高額所得（事業所得）は高税率で課税されるが、法人と成ること、実際には同族会社となることで、給与所得に転化かつ分散（家族が役員として給与を受け取るため）されることで、税負担が軽減される。(11) 給与は損金となり、法人として課税所得が圧縮されるが、税率自体も大きく低下する。１９９９年から２０１４年まで、所得税の最高税率は37～40％であったが、法人の軽減税率は22％から15％に低下しており、法人成りの誘因は今日でも強いと見られる。法人成りした中小法人の多くは、欠損法人となり、個人形態であれば支払うべき個人所得税を免れていると見られる。法人税の税率を考える場合には、以上で指摘したような観点が不可欠である。

Ⅲ　法人税の課税所得と受取配当の益金不算入

法人税税率の国際比較が容易にできない要因のひとつは、各国で課税所得が異なるからである。各国で税法も異なり、各種控除も多様であるので、名目税率だけを比較することは単純すぎよう。

租税負担率の比較から、日本の法人税負担が重いという主張もある。法人所得課税の対国民所得比は、日本の場合、２００９年度に3･5％であったが、２０１５年度に5･4％へ上昇している。これをもって、法人税負担が日本で重いという主張がなされることがある。アメリカでは概ね２～３％、ドイツでは２％前後である。しかし、日本の場合、租税負担率自体が低いのである。日本の租税負担率は、２００９年度に21・9％であり、２０１５年度に26・5％（予算ベース）へ上昇している。[12] アメリカはほぼ同じ水準であるが、ドイツは30％前後、フランスは35％前後、スウェーデンに至っては47～50％といった水準にある。日本では租税負担率自体が相対的に低く、その結果として法人所得課税の対国民所得比が高めにでる傾向がある。

２０１６年現在でも、日本の租税負担率が比較的低いことには、第一に、高度成長期に財政規模が相対的に小さく、しかも成長による税の自然増収があり、政策的な増税が必要ではなかったことがある。林健久教授は、１９６５年度までの高度成長期において、日本の財政規模が小さかったこと、それは主として軍事費に起因すること、さらに租税負担率が20～21％で固定していたことを指摘している。林教授は「負担率20％原則」と呼んでいる。１９６５年度まで、一般会計では国債は発行されず、均衡財政主義は負担率20％原則と組み合わされていた。[13]

第二に、１９６６年度以降、国債発行が開始されると、安易な財政法第４条の拡張解釈等があり、国債発行が膨張し、税負担は高度成長型のまま温存されたのである。岩波一寛教授は、日本の国債残高が肥大化した要因として、日銀信用の拡張、財政投融資資金など公的金融（「隔離市場」）による消化、国債の60年償還ルール等を挙げている。[14] 国債発行が容易であり、税負担は、消費税導入と増税を伴いつつも、低めに温存されてきた。

我が国の法人税の課税ベースは、少なくとも会計上の税前利益に比べて、縮小してきた。我が国の法人税額と税前利益の関係を、財務省の推計（政府税制調査会提出資料、２０１４年３月）により見てみると、税前利益合計16・2兆円に対し、法人税負担額（所得税額・外国税額控除前）は10・4兆円（基本税率による）であり、欠損金の繰越控除で2・3兆円（税前利益の14％、非課税、以下同じ）、受取配当等の益金不算入で1・4兆円（同8％）、租税特別措置により1兆円（同6％）等の影響がでている。影響額はそれぞれ税収ベースでの影響と見られる。すべて合計すると、6兆円程度となり、法人税額に大きく影響しており、会計上の利益に比べ、課税所得が浸食（縮小）されている。

欠損金の繰越控除については、以下でやや詳しく検討するので、ここではまず受取配当の益金不算入、海外子会社配当の益金不算入について見ておこう。２０１４年度までの制度では、「持株割合25％以上の株式にかかわる配当」については全額益金不算入であったが、２０１５年度から改正され、「持株割合3分の1超」で全額益金不算入となった。同時に、「5％～3分の1以下」では50％益金不算入となった。

受取配当の益金不算入について、海外の事例を見ると、アメリカでは持株比率0～20％で70％不算入、20～80％で80％不算入、80％以上で１００％不算入である。イギリスでは全額益金不算入、ドイツでも95％益金不算入、フランスでも持株比率5％以上で95％益金不算入である。(15) 主要国で多くが法人の受取配当は益金不算入となっている。これは海外主要国でも、法人擬制説の影響が強かったためと考えられる。しかしアメリカでは25％保有の場合、80％までしか損金算入できないが、日本の場合１００％損金算入が可能であった。

もともと戦後の日本では、シャウプ勧告まで法人の受取配当は課税されていた。昭和24年度（１９

49年度）まで、法人の受取配当は20％の所得税が源泉で課税され、その税引き配当を他の営業所得と合算し、35％の法人税を課税し、この法人税額から源泉所得税額を控除していた。しかし昭和25年度（1950年度）の税制改正において、シャウプ勧告にもとづき、法人の受取配当を非課税とした。シャウプ勧告では、法人擬制説の観点から、法人の受取配当も最終的には個人株主に帰属すると考えられていた。さらに法人の受取配当に課税することは、その法人の個人株主に重課することになるとした[16]。同勧告では、配当は個人に帰属し個人段階で課税すること、法人の内部留保はキャピタルゲインに反映されるから、キャピタルゲインは全額課税すべきこととされていた[17]。シャウプ勧告での法人擬制説やキャピタルゲイン全額課税は、ヘイグ－サイモンズらの包括的所得税に影響を受けたものと考えられる[18]。

法人の受取配当の問題を考える場合、株式保有構造の変化との関係が重要となる。金融機関の持ち株比率（株数ベース）は1989年度に46％とピークをつけ、2013年度に22・8％である[19]。低下は、主として「都銀・地銀」で発生しており、「都銀・地銀」の持ち株比率は1985年の21・6％から、2015年度には3・3％へ低下している。国際会計基準の導入、BIS規制等の影響と見られる。他方、信託銀行の持ち株比率は2015年度に16・9％まで上昇している。年金信託や投資信託の保有が、信託銀行名義となることが主因であろう。一方、事業法人の持ち株比率は、昭和48年度（1973年度）が27・5％とピークであったが、2015年度でも24・3％と、ほぼ横這いで推移している。この事業法人の持ち株比率が底堅く推移している一因は、日本で親子上場が多いことにあると見られる。親子上場とは、ＮＴＴとＮＴＴドコモのように、親会社についで子会社が上場しているケースである。２００９年時点で、全上場企業数３６８７社のうち、50％基準（議決権ベース）での親会社が１８０社、子会社が３２２社あり、合計５０２社で全上場企業の13・６％にあたる。[20] さらに33％基準（議決権ベース）では、親会社２５６社、子会社５２６社で、合計７８２社となり、全上場企業数の21・２％にあたる。すでに述べたように、法人の受取配当益金不算入は25％基準で全額損金算入（２０１４年度まで）であり、親子上場企業は大きな恩恵を受けてきたと見られる。また多くの場合、子会社の上場は、親会社の保有株に多大な評価益をもたらすので、親会社の財務にもメリットが大きい。

２０１２年以降、日本企業による利益が回復するなかで、配当ならびに内部留保は急増してきた。全産業（金融・保険含む）の当期純利益は２００９年度には12兆３１９７億円であったが、２０１４年度には49兆８１６４億円まで増加した。これに伴い、配当金は同じく14・９兆円から22・２兆円まで増加している。[21] しかし、配当増加は大企業が中心であり、資本金階級別に見ると、配当総額12兆円（全産業ベース、資本金階級別の合計）のうち、約８兆円が資本金10億円以上の企業、同１億～10億円未満の企業で約１・９兆円となっている。結局、企業配当の８～９割は大企業によるものである。また、一般に配当増加は株主還元と評価されやすいが、実態的には親子企業間等で、配当が益金不算入となっており、税制面でメリットが大きいことが影響していよう。２０１４年度の場合、トヨタの配当総額は６３１３億円で１位、ＮＴＴドコモが２５４８億円で２位と報道されるが、[22] 税制面のメ

図表 2-2　受取配当の益金不算入等の資本金階級別内訳

（100 万円）

資本金	受取配当	益金不算入額	外国子会社配当益金不算入	貸倒引当金	減価償却費損金算入額
100 万円以下	35,546	30,721	359	8,376	703,031
100 万円超	2,305	1,872	8	1,802	84,796
200 万円超	81,747	64,049	341	56,099	2,555,844
500 万円超	176,259	134,539	4,283	151,284	3,544,695
1000 万円超	62,646	46,448	10,416	85,018	1,443,944
2000 万円超	146,782	110,798	17,845	222,569	2,876,660
5000 万円超	329,490	282,513	47,327	228,046	2,488,147
1 億円以下計	**834,775**	**670,941**	**80,579**	**753,194**	**13,697,118**
1 億円超	148,008	116,673	82,526	33,144	1,825,162
5 億円超	98,357	71,004	34,035	17,821	663,027
10 億円超	304,927	258,186	230,878	66,133	2,030,063
50 億円超	314,958	276,251	166,607	35,838	1,189,962
100 億円超	4,360,858	3,670,936	1,206,392	935,528	9,021,134
1 億円超計	**5,227,108**	**4, 393, 050**	**1,720,438**	**1,088,464**	**14,729,348**
（再掲）1 億円未満	729,654	578,548	70,057	684,565	13,007,975
（再掲）1 億円以上	5,332,229	4,485,443	1,730,960	1,157,093	15,418,490
連結法人	5,299,064	4,909,746	4,077,152	440,499	8,307,707
合　　計	**11,360,947**	**9,973,737**	**5,878,169**	**2,282,157**	**36,734,173**
うち利益計上法人	8,314,053	7,151,121	4,882,273	1,869,626	27,500,090
うち欠損法人	3,046,895	2,822,615	995,, 896	412,532	9,234,081

（注）　利益計上法人、欠損法人合計。

（出所）　国税庁、『会社標本調査』平成 26 年度調査から作成。

リット（グループ企業間での益金不算入）が影響していよう。なお、配当以上に、内部留保の増加が著しく、２０１４年度の場合、28・6兆円に達しているが、法人税減税等の影響がでていよう。

　配当の増加、ならびに配当の益金不算入は、大企業を中心に企業自身に大きな恩恵をもたらしている。企業会計において受取配当は営業外収入となり、利益を押し上げるが、税法上は益金不算入とされ、納税額を抑制する。図表２-２は、受取配当の益金不算入のほか、貸倒引当金（損金算入）、減価償却費損金算入額を、資本金階級別に見たものである。まず受取配当の益金不算入であるが、受取配当の総額が11兆３６０９億円であり、うち資本金１億円以上の法人が５兆２２７１億円、連結法人（連結納税を行う法人で、親子会社間で所得の損益通算が可能）が５兆２９９１億円であり、この両者で10兆５７６２億円と93％を占めている。しかも資本金１００億円以上が約４・４兆円で、資本金１億円以上の大部分を占めている。この受取配当の全額が税法上で益金不算入とされるわけではないが、合計で９兆９７３７億円と、受取総額の約88％が益金不算入とされている。益金不算入の大部分は、資本金１００億円以上の法人か、連結法人で発生しており、大企業に有利な効果をもたらしている。

外国子会社配当の益金不算入についても、益金不算入総額は５兆８７８２億円であるが、うち連結法人で４兆７７２億円、資本金１００億円以上で１兆２０６４億円発生している。貸倒引当金は貸し付けたにもかかわらず、回収不能となった場合、損金処理されるものだが、損金処理合計２兆２８２億円に対し、資本金１００億円以上で約９３５５億円、１億円以上で１兆１５７１億円であり、大企業で主として発生している。貸倒引当金の損金処理を業種別に見ると、金融保険業で１兆78億円であり、約50％が特定業種で発生している。特定業種を優遇する引当金、準備金の存在は、業種間のバランスをはかるため、新しい租税優遇措置を生み出すこととなる。[23]

減価償却費の損金算入は、総額36兆７３４２億円であるが、資本金１億円未満の法人による合計額が約13兆円と相対的に大きい。資本金２００万～１０００万円の法人で合計７・４兆円程度発生しているが、個人業者が法人成りして、自動車などの減価償却費を計上していると推定される。ただ資本金1億円以上でも約14兆円以上が計上されており、大企業による利用も多い。

この他、法人税の租税特別措置による減収は2013年度には1兆4805億円に増加したと推計されている。[24] 法人税の租税特別措置で最も大きいものは、2013年度現在、研究開発投資への減税で、2012年度の3952億円（税収減額）から2013年度には6240億円に増加している。適用業種の構成も公表されており、輸送用機械が32・7％（2013年度）、化学工業が18％（同）、となっている。[25] 円安で企業業績が好転した自動車産業が研究開発費を急増させているが、節税効果も狙ったものと見られる。日本企業の研究開発費上位には、トヨタ、本田、日産など自動車メーカーについで、武田薬品やアステラス、第一三共のような製薬メーカーが入っており、上記の化学工業には製薬が含まれると見られる。[26] トヨタ等は受取配当の益金不算入からも多大なメリットを受けており、研究開発減税も含めると、最も税制面から恩恵を受けている企業であろう。

Ⅳ　法人税と欠損法人

受取配当の益金不算入は、法人擬制説の流れを受け、海外主要国でも見られる。しかし、欠損法人や繰越欠損金は、国際的に見て、我が国が突出していたと見られる。欠損法人は課税所得が赤字であり、法人税納税を免れている法人である。図表2‐3は資本金階級別等の欠損控除額等である。まず全体の比率であるが、２００７年度以降、概ね70％前後で推移してきたが、２０１３年度以降は法人全体の80％程度が法人税を納付していないことがわかる。欠損法人のうち、約４割（つまり全法人の約３割）は課税所得があるにもかかわらず、繰越欠損金制度によって欠損法人となっていると言われる。欠損法人の比率を、資本金階級別に見ると、２０１４年度に資本金１億円以上では24・３％であったが、資本金５億円以上では概ね33・３％台であった。しかし２００９年度には、資本金１億円以上から１００億円以上まで、概ね50％台であった。また連結法人では欠損比率が概して高めであり、２００８年度から２０１１年度まで65％程度で推移していた。連結法人では親子企業間で損益通算されるうえ、赤字子会社を抱えていると、繰越欠損金制度を利用しやすいためと見られる。また金融保険業でも欠損比率が高く、２００７年度から２０１２年度に至るまで、70％前後で推移している。銀行を中心に、２０００年前後の赤字（欠損金）が大きく、繰越が可能であったためと見られる。

繰越欠損金制度が必要とされる背景について、林栄夫教授は小企業の損益変動が激しく、課税は１年度単位であり、場合によっては大企業よりも小企業で税負担が重くなることを指摘している。[(27)] この矛盾を回避するために、損失繰越や繰戻による損益の平均課税制度がある、としている。ただし繰戻制度は、過去において収益をあげていた企業のみが利用でき、小企業の創業期など欠損が続くと利用できないという欠点がある。他方、繰越制度は将来の税負担軽減をもたらし、新企業に投資を促進する効果があるとされる。

しかし、林教授は、第一に、繰越欠損金など損益平均課税制度は大企業と小企業の間にアンバランスをもたらすと言う。小企業では倒産率が高いため、倒産してしまい、繰越欠損金制度を利用できないという。他方、大企業は4～5年間欠損が続いても存続できるから、大きな利用価値があるという。第二に、勤労（給与）所得との公平性の問題である。法人所得では損益平均課税がなされても、個人の給与所得では損益通算は原則認められていない。失業して赤字家計となっても、損益平均課税は適用されない。もともと繰越欠損金制度はこうした問題点をかかえている。

２０１４年度までの繰越欠損金制度は、９年以内に発生した欠損金額は、所得金額の80％を上限として損金算入できる、中小法人（資本金１億円以下）は１００％損金算入できる、というものである。80％上限は２０１１年度より導入されていたが、２０１５年度より65％、２０１７年度より50％に引き下げられた。また２０１７年度以降、繰越控除期間は９年から10年に延長される。ただし、中小法人は２０１７年度以降も１００％控除が認められる。[28] もともと、控除期間は２００４年度に５年から７年に延長され、さらに２０１１年度に80％上限とセットで９年に延長されてきた。この過程で、２０１０年度には連結子会社の欠損金制限も緩和されている。[29]

図表２-３から、欠損法人の欠損控除額を資本金階級別に見てみる。まず欠損法人の欠損控除額合計は２００７年度から２０１１年度にかけ、２００６年度を除き、概ね８兆円前後で推移してきた。資本金１億円以上の合計と、同１億円以下の合計でみると、２０１１年度まではほぼ半々程度の控除額であったが、２０１２年度以降は１億円以下での控除額が大きくなっている。「80％上限」が大企

図表 2-3　欠損法人の繰越欠損金控除額

（100 万円、%）

資本金＼年度	2007	2008	2009	2010	2011	2012	2013	2014
100 万円未満	12,659	101,318	21,551	31,218	73,126	113,182	102,687	118,894
100 万円以上	27,594	18,487	15,211	30,490	16,830	21,049	21,437	23,729
200 万円以上	554,274	575,797	528,757	624,721	901,244	957,800	967,591	961,153
500 万円以上	217,068	185,221	211,890	262,233	1,074,757	1,159,587	1,150,979	1,144,402
1000 万円以上	1,064,861	797,281	866,916	1,039,288	337,127	327,978	361,544	367,700
2000 万円以上	529,285	528,840	509,740	601,638	558,073	575,314	582,604	554,937
5000 万円以上	364,915	470,176	358,728	444,507	508,240	488,551	502,935	449,909
1 億円以上	543,196	476,497	678,804	522,582	309,441	160,210	12,161	16,700
5 億円以上	27,569	62,212	69,001	69,692	120,936	39,461	7,037	1,087
10 億円以上	262,873	191,589	352,393	382,878	382,410	148,170	36,203	27,221
50 億円以上	125,584	131,918	109,831	204,494	325,574	43,166	19,256	7,085
100 億円以上	3,404,408	2,142,159	3,282,089	2,702,337	1,684,011	91,764	127,401	34,110
連結法人	1,139,376	551,489	671,891	1,230,861	1,614,338	318,747	222,071	319,824
1 億円以上	—	2,817,807	4,118,291	3,696,646	2,980,501	646,955	326,225	207,258
1 億円以下	—	2,863,688	2,886,619	3,219,434	3,311,269	3,479,278	3,565,610	3,499,669
控除額合計	8,273,663	6,232,984	7,676,801	8,146,941	7,906,108	4,444,980	4,113,906	4,026,751
欠損金額合計	15,023,280	28,304,155	22,770,259	16,617,460	16,535,832	13,726,563	9,804,114	9,417,453
うち金融保険	1,558,741	4,398,789	2,851,994	2,257,209	2,209,764	1,285,677	1,200,950	954,541
欠損法人比率	67.1	71.5	72.8	72.8	72.3	70.3	81.7	80.7

（注）　欠損法人のみ。
（出所）　国税庁、『会社標本調査』各年版から作成。

業で導入された影響もあろう。資本金１億円以上で、２０１２年度以降控除額が減少したことには、本章で以下において論じるようにメガバンク等銀行の繰越控除が減少したことの影響と見られる。資本金１００億円以上で、２００７〜２０１０年度にかけ控除額は２〜３兆円で推移しているが、これもメガバンク等銀行の繰越控除が影響していると見られる。また連結法人の法人数は、２００〜３００社程度であり、資本金１００億円以上とならび、１社あたりの控除額が大きい。連結子会社が繰越欠損金を抱えていれば、親会社と合算して繰越控除が可能であり、連結法人による繰越欠損金控除も大きくなっている。[30] 繰越欠損金控除は中小法人によっても利用されているが、やはり金融保険業の利用が大きいと見られ、２００８年度には金融保険業によって約４兆４０００億円程度の欠損金額となった。

欠損法人、ならびに繰越欠損金控除は国際的に見ても、我が国の法人税の重要な特徴であった。政府税制調査会に財務省が提出した資料（政府税制調査会、２０１４年）によると、アメリカ（２０１０年）では全法人数５８０万社のうち、欠損法人数は２６９万社で46％、イギリス（２０１１年度）は同じく１８９万社のうち91万社で48％、ドイツ（２００９年度）は93万社のうち52万社で56％、韓国（２０１１年度）は46万社のうち21万社で46％であった。しかし日本（２０１２年度）では２７３万社のうち１９７万社で72％が欠損法人であった。海外における繰越欠損金制度を見ると、繰越期間はアメリカで20年だが、英独仏では無制限となっている。ただし、独では所得の60％まで（ただし１００万ユーロまでは全額控除）、仏では50％（同）となっている。また繰越欠損金控除前の課税所得に対する欠損金控除額の比率を見ると、アメリカは２００５年度～２０１１年度に９～15％で推移、イギリスが同じく５～15％、ドイツが13～18％で推移している。しかし日本は14～25％となっており、欠損控除の比率が高いのである。[31] 図表２-３においても、欠損法人比率は、２０１３年度～２０１４年度に、80％前後に上昇しており、改善されていない。

Ｖ　メガバンクと繰越欠損金

三菱東京ＵＦＪ銀行について、貸倒引当金と繰越欠損金が法人税に与えた影響について、以下検討する。最近10年間について、銀行の法人税に最も影響した要因は、繰越欠損金制度であろうが、貸倒引当金も無視できない。以下、これらの税効果会計を中心に検討していく。税効果会計により、繰延税金資産が計上されるが、繰延税金資産の構成を見ると、繰越欠損金と貸倒引当金損金算入限度超過額が大きな要因となっている。この構成については、有価証券報告書の損益計算書において、税効果関係の注として記載されている。銀行は貸倒引当金の損金処理（限度額内）が認められているが、限度額を超えた場合には、損金処理できない。そこで繰延税金資産に貸倒引当金損金算入限度超過額を計上し、貸倒れが確定した場合に、損金処理し、法人税が還付される。

図表2-4は法人税の貸倒引当金（損金）残高の推移を示している。１９９９年度には不良債権問題が深刻であったが、貸倒引当金残高は24兆７４７７億円に達していた。その後、不良債権の償却が進み、２００５年度には貸倒引当金残高は11兆２４９０億円へ減少し、２０１４年度には2兆２８２億円まで減少した。貸倒引当金残高を資本金階級別に見ると、資本金１００億円以上の残高が極めて多く、１９９９年度では13兆７３８０億円と全体の55・５％を占めた。また２００５年度では61・４％を占め、２０１３年度でも49・３％を占めている。すなわち貸倒引当金残高は過半は資本金１

図表 2-4　貸倒引当金（損金）の推移

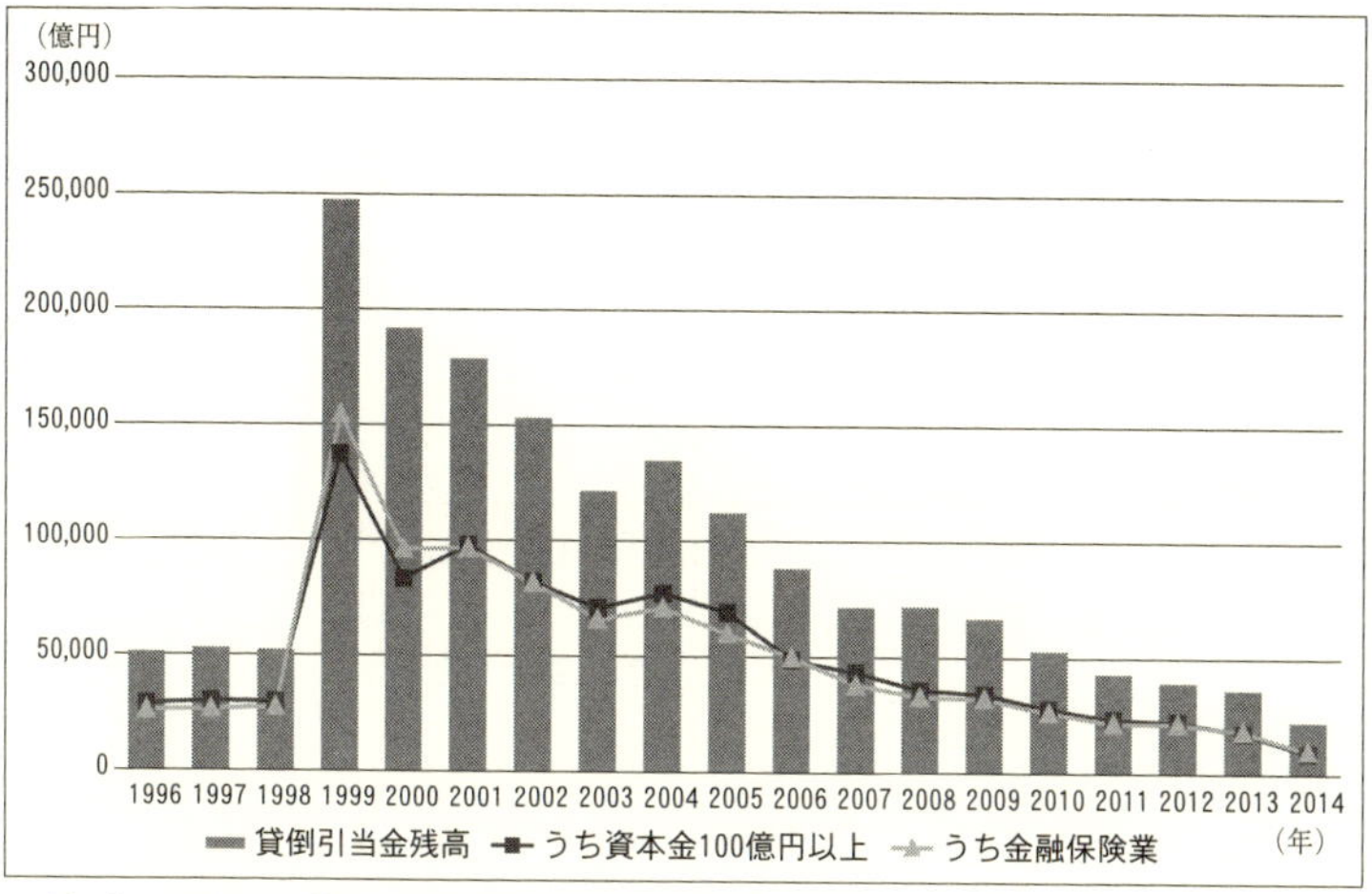

（出所）国税庁、『会社標本調査』各年版から作成。

００億円以上の法人によってもたらされており、それは上場銀行とほぼ重なると推定される。貸倒引当金残高を業種別に見ると、金融保険業による残高が極めて多い。１９９９年度で金融保険業の貸倒引当金残高は15兆４５１７億円、２００５年度には5兆９８２９億円と、ほぼ資本金１００億円以上の法人と重なる。地方銀行などの資本金が通常１００億円以上であることを考えれば、「資本金１００億円以上」と「金融保険業」は実態的には同じで、地方銀行やメガバンクと推定できよう。

三菱東京ＵＦＪ銀行は２０１０年度から10年ぶりに法人税納税を再開しており、２０００年度以降10年間、法人税を納税していなかった（住民税均等割を除く）と報道された。この期間で、同行の法人税額に最も影響した要因は、繰越欠損金である。この結果、同行の法人税額は２００５〜２

図表 2-5　法人税の実質負担率（税額÷益金）

資本金＼年度	2007	2008	2009	2010	2011	2012	2013	2014
100 万円未満	17.24	22.58	22.33	20.22	21.78	21.28	18.77	18.1
100 万円以上	25.64	22.03	21.54	21.65	21.57	20	17.81	17.68
200 万円以上	22.31	13.57	20.74	20.19	20.65	19.86	17.51	17.02
500 万円以上	22.71	24.83	21.94	21.67	23.95	22.82	20.36	19.4
1000 万円以上	28.15	23.83	23.95	23.81	25.15	23.67	21.5	20.61
2000 万円以上	28.45	26.13	25.87	25.76	26.17	24.7	22.67	21.41
5000 万円以上	29.04	26.81	26.43	25.87	26.64	24.49	21.58	20.66
1 億円以上	26.77	27.75	26.73	26.38	27.96	24.25	22.68	21.67
5 億円以上	25.26	18.86	28.09	26.16	22.76	23.48	23.43	20.02
10 億円以上	25.25	24.89	24.99	24.76	24.46	20.02	18.58	18.32
50 億円以上	23.39	21.64	23.61	23.35	23.85	20.39	15.83	17.75
100 億円以上	19.34	17.02	19.62	19.43	17.74	14.73	12.65	13.34
連結法人	8.66	9.26	12.91	14.11	13.75	5.56	8.86	6.53
1 億円以上	—	20.23	22.18	21.95	21.16	17.81	15.66	15.65
1 億円以下	—	23.75	24.67	24.39	24.76	23.3	20.85	19.91
合計	20.48	20.42	22.08	22.02	21.32	16.27	15.27	14.18

（注）欠損会社を除く。
（出所）国税庁、『会社標本調査』各年版より作成。

００７年度が１５０億円前後、２００８～２００９年度が３３０億円前後となり、住民税均等割等だけを支払っていたと推定される。法人税ゼロの一方で、この期間を通じ、配当は支払われている。しかし法人税ゼロであるから、配当にも内部留保にも法人段階では課税されていない。さらに法人株主は受取配当の益金不算入により課税されない。また、この時期、個人株主の配当は10％の源泉課税で済んでいた。他方、内部留保は全く課税されていないが、個人段階のキャピタルゲイン課税についても、この時期は優遇措置によって10％源泉課税とされていた。

図表２-５は法人税の実質負担率

である。税額を益金で除している。そもそも、受取配当の益金不算入のように、会計上は利益に含まれる部分が、税法上の益金には含まれない。こうした限界はあるが、益金は繰越欠損金や減価償却費、貸倒引当金などが控除される前であり、税法上の収益と考えられる。また欠損法人を含むと、欠損が益金を超過し、マイナスの税率となる場合がでるので、欠損法人は除く。利益計上法人の益金を分母に、分子を税額として負担率を算出すると、図表2-5が示すように、全ての資本金階級平均で2007〜2008年度が20％台、2009〜2011年度が21〜22％台、2012年度以降低下し、2014年度には14％台となっている。まずは、全法人平均で14％台であり、決して高い水準とは言えない。次に大きく「資本金1億円以上」（大企業）と「資本金1億円以下」（中小法人）で分けてみると、大企業では2009年度の22・18％から2014年度に15・65％まで低下している。他方、「資本金1億円以下」（中小法人）では2009年度における24・67％から低下したものの、2014年度においても19・9％あり、大企業を4％ほど上回っている。資本金階級別に実質負担率を見ると、中小法人のほうが負担率は高いのである。図表2-5から資本金階級別の負担構造を見ると、概ね資本金階級5000万円〜1億円以上のところで最も高くなり、資本金100億円以上、および連結法人のところで最も低くなっている。

2014年度現在、法人税率は25・5％であったが、実質負担率は全体の平均で15％前後であり、大きく下回っている。この一因は、税法上の収益としての益金から、各種の控除があり、控除後の純課税所得が浸食されてきたことであろう。

Ⅵ　まとめに代えて

現在、我が国の法人税をめぐっては、税率引下げの議論が中心となっている。しかし、各国で法人税の課税所得には違いがあり、税率だけを取り出して議論することには問題がある。

日本の法人税では課税所得が浸食されてきたと見られる。その大きな要因は受取配当の益金不算入、欠損法人が多いこと、さらに繰越欠損金制度等であった。受取配当の益金不算入については、法人擬制説から根拠づけられるにせよ、日本の場合には親子上場との関係もあろう。親子上場は少数株主の株主権等の問題があるが、受取配当の益金不算入という税制が影響している可能性がある。日本の場合、アメリカよりも、益金不算入の範囲が大きく、それだけ課税所得は浸食されてきた。また日本の法人税では、欠損法人が約７～８割といった構造的な問題があった。欠損法人の多さは、繰越欠損金制度と関連してきた。

(注)

（１）林栄夫、『戦後日本の租税構造』、有斐閣、(復刻版)〔１９８５〕、３５３ページ。
（２）Financial Times, May 5, 2015.
（３）日本経済新聞、２０１２年5月11日付。三菱東京ＵＦＪ銀行は10年ぶりに２０１１年3月期に、三井住友は15年ぶりに２０１３年3月期に、同じくりそなは18年ぶりに法人税納税を再開した。
（４）林栄夫〔１９８５〕、２１６ページ。
（５）林栄夫、『財政論』、筑摩書房〔１９６８〕、２９７ページ。

(6) 参議院予算委員会調査室『財政関係資料集平成27年度版』〔２０１５〕、77ページ。
(7) 日本経済団体連合会、「法人税改革の方向性について」、(https://www.keidanren.or.jp/policy/2014/038_honbun.pdf)。
(8) 参議院予算委員会調査室〔２０１５〕、83ページ。
(9) 伊藤元重、「今こそ法人税改革」、(http://www.nikkeibp.co.jp/article/column/20140519/397940/?P=1)。
(10) 林栄夫〔１９８５〕、２１６ページ。
(11) 林栄夫〔１９８５〕、１０８ページ。
(12) 参議院予算委員会調査室〔２０１５〕、91ページ。
(13) 林健久、「第六章　健全財政主義―成立・展開・崩壊」、東大社研編、『戦後改革８　改革後の日本経済』、東大出版会〔１９７５〕、２３０ページ。
(14) 岩波一寛、「財政赤字・累積政府債務が維持されている条件とその問題点」、『研究会報』、中央大学経済研究所〔２００２〕、第66号。
(15) 財務省、「政府税制調査会（法人課税ＤＧ②）〔課税ベースの拡大等〕」（２０１４ａ）
(16) 林栄夫〔１９８５〕、２４５ページ。
(17) 林栄夫〔１９８５〕、70ページ。
(18) 宮島洋、『租税論の展開と日本の税制』、日本評論社〔１９８６〕、４ページ。
(19) 東京証券取引所、『平成25年度株式分布状況調査の調査結果について』〔２０１４〕。
(20) 新田敬祐、「株式市場における親子上場の存在感とその功罪」、NLI Research Institute, Report, November 2010。
(21) 「法人企業統計年報」〔２０１４〕、『財政金融統計月報』第７６２号。
(22) 日本経済新聞、２０１５年５月26日付。
(23) 林栄夫〔１９８５〕、３６７ページ。
(24) 参議院予算委員会調査室〔２０１４〕、77ページ。
(25) 財務省、「租税特別措置の適用実態調査の結果に関する報告書」、第１８９回国会提出資料〔２０１５〕。
(26) ＥＵ〔２０１４〕、(http://iri.jrc.ec.europa.eu/scoreboard14.html)。
(27) 林栄夫〔１９８５〕、１２６ページ。
(28) 『税経通信』、２０１５年７月号、税務経理協会。
(29) 財務省〔２０１４ａ〕。

(30)　日本経済新聞２０１５年６月８日付。
(31)　財務省〔２０１４ａ〕。

第3章　個人所得税と所得格差の拡大
～高所得層の所得税税率は10%～

Ⅰ　はじめに

本章の課題は日本型財政金融政策の特質を踏まえ、今日の個人所得税の問題点を明らかにすることである。高度経済成長期には、インフレの影響もあり、所得税の自然増収が潤沢であった。所得税から豊富な税収があり、国民所得も成長したため、租税負担率は20%程度で推移してきた。低成長に移行後、財政法の拡張解釈に基づき、建設国債のみならず赤字国債も大量発行されてきた。低成長に移行後も、歳出の増加が続き、財源は国債に依存したため、個人所得税を本格的に増税することなく、今日に至ったと思われる。

個人所得税の最高限界税率は、１９８０年代に比べ、今日では大幅に引き下げられてきた。これは高所得階層への課税が緩和されてきたことを意味する。他方で、個人所得税の課税最低限は引き下げられ、低所得階層への課税は強化されてきた。また個人所得税には、法人税と同様に、租税特別措置が認められており、減収要因となっている。

我が国の個人所得税は税額から見れば、給与所得に対する源泉徴収課税が中心となっている。戦後税制の出発点となった、シャウプ勧告が目指した申告課税の理念から、正反対となっている。源泉課税は徴税コストが低いため、課税当局からは効率的な課税方法である。源泉課税の実態を所得種類別に見ると、配当や株式等譲渡所得への実効税率は、本来の名目税率を下回っている。

所得階層別に見ると、配当や株式等譲渡所得は高額所得階層（合計所得１億円以上）に多く帰属している。これに対し、給与所得は低・中所得階層（同1億円以下）が中心であり、高額所得階層では少ない。２０１３年にアベノミクス効果で株価が上昇し、高額所得階層において、株式等譲渡所得が大幅に増加した。しかし２０１３年まで、株式等譲渡所得には10％源泉課税が選択可能であった。このため、高額所得階層における所得税の実効税率は著しく低下した。中間所得階層では、所得が給与所得中心であるため、実効税率は30％に近付く。しかし、高額所得階層では、所得が資産性所得中心であるため、10％源泉課税の影響から、実効税率が大幅に低下してしまう。

２０１３年現在、課税前と課税後のいずれでも、ジニ係数は１９９９年以降で最悪となっている。アベノミクス効果で株価は上昇したが、所得課税は高額所得階層で緩和されてきたため、課税後でも所得格差は拡大した。

Ⅱ　所得税の税率と人的諸控除

第1章で見たように、高度成長期には、インフレに伴う税の自然増収があり、所得税が中心となって潤沢な税収があった。また設備投資を促進するために、法人税を中心に租税特別措置がとられた。この時期には、租税負担率は20%程度で推移したが、高度成長による国民所得の増加と、税の自然増収の結果であった。1970年代後半以降、低成長に移行したが、歳出の膨張が継続し、国債発行が恒常化し、本格的な増税に踏み込まないまま経過した。したがって、租税構造は高度成長期の骨格が温存されたまま、今日に至っている。消費税の導入と増税はあったものの、所得税・法人税には本格的な改革がないままとなっている。法人税には租税特別措置が継続しているし、所得税にも各種の人的控除が認められ、さらに拡充されてきた。

まず、最近の所得税税収（決算）を確認すると、2002年度が14兆8122億円であったが、2001年度までで、15兆円を超えることは2005年度、2007年度、2013年度、2014年度のみであった。むしろ2009年度から2010年度には、12兆9000億円台の税収へ落ち込んだ。また予算と決算の所得税税収を比較すると、2002年度から2014年度の期間で、5年度において、決算が予算を下回った。すなわち、当初予算で見積もられた所得税税収は未達であり、税収

図表 3-1　所得税税率

（%）

所得＼年度	1989 ～ 1994	1995 ～ 1998	1999 ～ 2006	2007 ～ 2014	2015 ～ 2016
～ 195 万円				5	5
195 万円～				10	10
～ 300 万円	10				
300 万円～	20				
～ 330 万円		10	10		
330 万円～		20	20	20	20
600 万円～	30				
695 万円～				23	23
900 万円～		30	30	33	33
1000 万円～	40				
1800 万円～		40	37	40	40
2000 万円～	50				
3000 万円～		50			
4000 万円～					45

（注）1999 年から 20%定率減税。2006 年は 10%。
2007 年から定率減税廃止。
2013 年から復興特別所得税が付加。
（出所）参議院予算委員会『財政関係資料集』。

は低迷したと言えよう。

なぜ、所得税税収は低迷してきたのか？図表３-１は所得税の限界税率である。１９８３年度に所得税の最高税率は75％であり、年所得８０００万円以上でこの最高税率が適用された。しかし１９８４年度に年所得８０００万円以上で70％、１９８７年度に同じく５０００万円以上で60％と最高税率は引き下げられた。１９８０年代に入り、ケインズ主義への批判が強まり、新自由主義が強まったこともあり、高い最高税率が勤労意欲を妨げるものとされ、引き下げられた。図表３-１にあるように、１９８９年度には年所得２０

００万円で最高税率50％といった水準まで引き下げられた。さらに１９９５年には50％の適用所得が、２０００万円から３０００万円まで引き上げられ、実質的に引き下げとなった。１９９９年度からは最高税率が37％へ引き下げられ、年所得１８００万円からに適用された。しかし、２０１３年度以降、景気が上向いたことに加え、格差問題が深刻化したこともあり、２０１５年度から最高税率は45％に引き上げられ、年所得４０００万円以上に適用となった。２０１５年度から最高税率は引き上げられたが、１９９０年代以降、基本トレンドは最高税率の引き下げであった。他方、中間的な所得に対する税率は、引下げられていない。例えば、１９８９年度に年所得５００万円では、限界税率20％であったが、２０１５年度に至るまで、20％の税率が継続されている。

第2章でも指摘したが、所得税の税率は、法人税の税率と深く関連している。第一に、法人擬制説の観点からは、法人段階の課税は株主である個人において調整される必要があるからである[1]。配当はもちろんであるが、内部留保についても調整が必要となる。法人擬制説でも、法人の内部留保への課税は必要となる。しかし、この内部留保は個人に帰属するので、個人への課税となる。個人株主の所得は多様であり、本来は内部留保についても多様な税率で個人に課税しなければならない。とはいえ、実際には法人税税率は基本税率（資本金1億円以上）と軽減税率（同1億円以下）の単一税率である。したがって、法人段階での内部留保課税を調整してはいない。法人擬制説からは内部留保課税に問題が残るが、現実の大企業はますます内部留保を増やしており、ここに法人擬制説の限界がある。

第二に、法人成りの問題があるからである。(2) 法人成りは、個人所得税の高税率を、個人事業者が回避するために、法人となって低い法人税率の恩恵にあずかるものである。また報酬の分散化により、個人所得税も低下する。

１９９９年度から２０１１年度まで、法人税の基本税率は30％であった。また軽減税率は１９９９年度から２００８年度までは22％、２００９年度以降は18％であった。個人所得税は年所得３３０万円以上（１９９５年度以降）で税率20％に達してしまう。このため個人事業者（青色申告等）は、所得が３３０万円を超過する場合、法人形態をとって軽減税率18％の適用を受けるほうが有利となる。また親族を役員として、報酬を支払うことで、報酬は法人（同族会社）の損金処理となるので、法人の課税所得は圧縮される。また個人所得税も報酬の分散化により低下する。本来、個人所得税の税率と法人税の税率はバランスが必要だが、現行の税制がこうした問題に対応しているとは言い難い。

次に、所得税の課税最低限を見ることで、低所得層への課税を検討する。個人所得税と個人住民税の課税最低限、ならびに主要な人的控除を見ると、まず所得税の課税最低限であるが、２００１年度には夫婦子２人で３８４万円であったが、２００２年度には３２５万円に低下した。配偶者特別控除等の廃止に起因する。夫婦子２人（中学生と大学生）の場合、基礎控除38万円、配偶者控除38万円、扶養控除63万円、給与所得控除１８６万円の控除を合計すると３２５万円となる。２０１１年度に、民主党政権で、こども手当が開始され、その財源として、扶養控除が圧縮された。２０１１年度から中学生は扶養控除の対象ではなくなり、大学生も18歳ならば38万円となった。

配偶者控除は妻が専業主婦である場合に、夫の課税にあたり一定額を控除する制度である。しかし、妻も仕事を持つ場合、夫の配偶者控除は認められない。このため、女性の社会進出を妨げる制度との議論があった。しかし、他方で専業主婦の家内労働を認めたもの、という議論もあった。安倍政権が女性の社会進出を重視し、所得税の人的控除を縮小することもあり、配偶者控除は議論されつつある。

給与所得控除は、給与所得における費用性を認めたものとされてきた。事業所得の場合には、申告で損金を計上できる。しかし、源泉徴収が中心の給与所得では、申告による損金は計上されにくい。そこで給与所得では、一定額の損金を控除として認めてきた。給与収入が６６０万円までの場合、20%＋54万円ということで、１８６万円が控除されてきた。しかし、この控除が高すぎるという指摘がある。(3) また社会保険料控除は所得階層とは関係なく、全額が控除されている。後述のように、年金は支給時点で、ほとんど課税されていないため、検討が必要であろう。

人的諸控除は定額控除である。所得階層とは関係なく、一定の金額で所得から控除されている。したがって低所得層では、その恩恵が大きくなるが、高所得層では恩恵は相対的に小さくなる。人的諸控除の本来的な特質から見て、その縮小や廃止は低所得層への課税強化となる。

これらの人的控除とならび、個人所得税にも租税特別措置が存在してきた。租税特別措置は、政策的な観点から、税法以外の租税特別措置法に基づく減税措置である。主要な租税特別措置による減収額を図表３-２が示している。法人税の場合、研究開発（試験研究）控除が最大であり、６２４０億

図表 3-2　租税特別措置による減収

（億円）

年度	2007	2008	2009	2010	2011	2012	2013	2014	2015
所得税									
住宅借入金の特別控除	8,150	8,240	8,560	8,057	7,593	7,577	6,890	6,480	6,020
確定申告しない配当	2,920	3,360	3,200	2,404	2,553	3,341	3,110	4,300	8,910
公的年金等控除	1,550	1,530	1,710	1,707	1,736	1,681	1,610	1,670	1,830
所得税（小計）	14,910	15,400	15,820	14,217	13,878	14,598	13,680	15,350	20,250
法人税									
試験研究控除	6,060	6,510	2,540	2,358	3,044	3,952	6,240		
設備投資の促進						1,656	3,522		
中小企業の控除等	2,300	2,560	2,500	1,288	1,322	1,858	2,007		
法人税（小計）	10,300	10,600	8,070	6,483	9,420	10,003	14,805		
その他									
ナフサ	38,750	37,890	35,940	36,967	35,552	35,773	35,370	34,160	34,180
その他（小計）	26,530	25,720	27,320	29,178	27,859	27,814	27,540	27,130	28,600
合計	51,740	51,720	51,210	49,878	51,157	52,415	56,025		

（注）2014 年度以降の法人税関係は未公表。
（出所）参議院予算委員会調査室、『財政関係資料集』から作成。

円（２０１３年度、以下同じ）に達している。自動車、化学関連の企業で控除額が大きくなっている。このほか、法人税では設備投資等の促進で３５２２億円、中小企業の活性化で２００７億円等となっている。同時に、個人所得税にも租税特別措置があり、２０１４年度まで最大の措置は住宅借入金の特別控除であり、６４８０億円の減収となっている。２００７年度から２０１０年度にかけては、８０００億円台の減収となっており、大きな措置であった。ただし、この措置の恩恵はローン債務者よりも、銀行が受けている可能性が高い。１９９０年代から、日本の銀行はリテール（個人、中小企業等の分野）を重視することとなり、対個人では住宅ローンが重要な構成要素となっている。個人所得税の住宅借入金控除は、所得税の還付金効果等で、銀行にとって貸出増加の重要な利点となっている。他方、2015年度に8910億円に急増した、確定申告しない配当とは、本来、個人が配当を受け取った場合、2014年度より原則として確定申告で総合課税されるが、申告分離課税20％、もしくは源泉徴収課税20％という選択もある。高所得者であれば、2014年度の場合でも最高税率40％で課税される。このため通常、多くの高所得者は、受取配当を申告せず、源泉徴収課税20％（2013年までは10％）で済ませている。この確定申告しない配当という措置で、8910億円の減収となっている。この措置も、配当を受ける個人株主と同様に、証券会社の営業にとり重要な利点となっている。証券会社にとって、個人投資家の多くがインターネット経由となり、また機関投資家を含む法人投資家も競争が激しく、手数料率は低下してきた。しかし個人の資産家との対面営業は、将来も含み、収益性が高い分野である。この個人資産家との営業において、配当が源泉課税で済むことは重要な意義を有している。こうして見てみると、住宅借入金の控除は銀行業界の利害を反映し、確定申告しない配当は証券業界の利害を反映し、両者のバランスをとっていることがわかる。高度成長期に、法人税の租税特別措置は各業界の利害を反映し、そのバランスをとったものと指摘されている[4]。今日でも、形態は変化しつつも、業界利害を反映した租税特別措置は継続しており、個人所得税も影響されている。

高所得階層における最高限界税率は引き下げられてきた。しかし中間層への税率は20％で維持されてきた。さらに課税最低限は引き下げられてきた。このため、大枠においては、高所得階層へは減税されたが、低・中所得階層への課税は強化されてきた。他方で、人的控除や租税特別措置は残存しており、高度成長型の税制が継続している。

Ⅲ　所得税と源泉徴収課税

日本の所得税は源泉課税と申告課税から成るが、現実には源泉課税が中心となっている。そもそも歴史的には、所得税は申告課税が中心であった。第二次世界大戦前には、所得課税は高額所得階層に限定されていたこともあり、申告課税が中心であった。しかし第二次世界大戦を契機として、著しく課税方法は変化した。戦時財政への移行とその資金調達は、名目的な賃金上昇や課税最低限の引き下げを背景として、所得税の納税者人口を急増させた。その過程で、納税者における給与所得者の増加が著しかった。戦前には資産性所得が所得課税において中心であったが、戦争を契機として勤労所得中心の所得課税に変化した。この変化は納税方法の変化も随伴し、申告課税から源泉課税に変化した。源泉徴収課税は課税当局にとって、大きな利点がある。源泉徴収課税では徴税コストが低いからである。[5] 申告課税では、納税者の申告書類をチェックすることが基本的に必要となり、人件費を含み徴税コストが増加しやすい。しかし、源泉徴収課税では、企業の人事部や経理部などが徴税を代行するので、課税当局にとって徴税コストは極めて低下する。しかも所得の発生時点での課税であるので、課税漏れが最小化される。源泉徴収課税は給与所得中心の所得課税において、極めて効率的な課税方法なのである。

しかし、このことは財政民主主義の観点からは、大きな問題をはらんでいる。納税者による税収と歳出に対する関心を低下させ、納税に対する消極性と重税感だけをもたらしやすい。申告納税であれば、納税者としての自覚をもたらし、納める税金の使途にも関心を持ちやすい。結果として、納税者は議会と政治動向にも注視しやすい。しかし、源泉徴収課税では、納税が受け身となり、納税を通じた歳出の監視と政治参加も形骸化しやすい。

租税の本質をめぐっては、財政学での学説として、租税応益説と租税応能説が有力であった。古典派が唱えた応益説では、租税は財政支出から受ける利益に対して支払うという位置づけであった。古典派は安価な政府を支持しており、小さな政府であれば、一般財源であっても、税収と政府歳出により利益との関係が理解しやすかった面もあろう。その後、戦争により財政規模は膨張した。所得課税では累進課税が導入され、ドイツ財政学により租税応能説（税は支払い能力に応じて支払う）が提唱された。財政支出の拡大により、一般財源としての税収と政府支出の関係は理解しにくくなり、国民は税を義務としてしか認識しなくなった。ここに源泉徴収課税が加わり、納税者たる国民は、ますます税を義務と感じる。しかし、本来、税は政府支出による利益に対する対価という面があり、申告納税により納税者たる国民に政治参加を促す手段である。

図表３-３は、現在の日本における所得税税額を、源泉課税分と申告課税分について分けてみたものである。まず、源泉課税による税額合計は２００７年度に15兆円以上あり、２００９年度以降減少

図表 3-3　所得税税額構成

（100 万円）

源泉徴収税額

	利子	配当	株式譲渡	給与	退職	報酬等	非居住者	合計
2007	632,489	2,445,815	210,356	9,870,157	268,510	1,195,908	394,846	15,018,081
2008	819,520	2,044,204	49,652	9,727,330	260,635	1,170,087	360,578	14,432,008
2009	661,963	1,584,196	50,449	8,626,931	261,987	1,149,864	257,249	12,592,639
2010	548,231	1,641,050	46,817	8,501,306	229,569	1,150,780	285,492	12,403,245
2011	467,925	1,670,059	38,895	9,006,411	228,655	1,151,126	284,675	12,847,745
2012	431,845	1,827,282	43,371	8,980,062	242,755	1,154,831	262,869	12,943,014
2013	439,088	2,576,926	516,579	9,352,973	234,564	1,173,663	332,231	14,626,023

申告税額（還付控除後）

	事業	不動産	給与	雑所得	その他	合計
2007						
2008	275,870	703,870	128,429	−91,739	664,509	1,680,939
2009	237,504	674,351	41,451	−103,707	445,104	1,294,703
2010	243,392	641,429	36,077	−110,912	475,017	1,285,003
2011	274,661	622,714	−6,550	−121,783	544,915	1,313,957
2012	298,370	622,140	7,960	−131,267	627,475	1,424,678
2013	312,072	631,293	62,389	−117,796	803,349	1,691,306

（出所）『国税庁統計年報』、各年版から作成。

したものの、２０１３年度現在でも約13兆円ある。これに対し、申告課税分は２００８年度に１兆６８０９億円であり、２０１３年度には１兆６９１３億円まで回復したが、源泉課税の税額に比べ10分の１程度にとどまる。すなわち現在の日本における所得税額は圧倒的に源泉徴収課税が中心となっている。

ついで源泉課税分の税額について、所得構成を見ると、給与所得が約８～９兆円であり、源泉徴収税額合計約12～15兆円の大きなシェアを占めている。したがって、現在の所得課税は、給与所得に対する源泉課税が中心となっている。このことは、いわゆるサラリーマンの重税感を醸成する背景となるし、またサラリーマンの給与額が増加しなければ所得税の税収も伸びないことも意味している。

給与所得以外での源泉課税での所得構成としては、配当所得が次いでいる。配当による税額は、2007年度に2兆4458億円あったが、2012年度にかけて1兆8273億円まで減少したが、2013年度に2兆5769億円まで回復した。この間、配当課税のあり方は、基本的に10％の源泉課税であった。もちろん、2008年までは、「総合課税または10％源泉課税」であった。また2009年以降も、「申告分離10％または源泉10％課税」であった。しかし実態的には高所得層を中心に、源泉課税10％が選択されたと見られる。したがって配当課税の税額回復は、課税の変化に起因するよりも、配当額の増加に起因するものと見られる。

ついで申告による税額の内訳を見ると、2013年度の場合、不動産が6313億円、その他が8033億円となっており、この2種で合計額のほとんどを占めている。逆に、雑所得ではマイナス、すなわち還付超過となっている。

図表3‐4は、源泉課税において、各種の粗所得と税額から、実効税率を算出したものである。これによると、最も実効税率が低いものは公的年金であり、2011年度から2013年度にかけて、いずれも0・8％台の税率であり、ほとんど課税されていないことがわかる。しかも、公的年金の支払い額（粗所得額）は約47兆円から49兆円と極めて大きな金額となっている。問題は、公的年金については、拠出局面でも、現役世代の社会保険料控除として非課税となっており、拠出と支払の両面で課税されていないことである。低所得の年金生活者には非課税が望ましいが、高所得者の公的年金も

図表 3-4　所得税源泉徴収課税の所得種類別粗所得と税額

（100 万円、％）

	2011 年	2012 年	2013 年
利子支払額	16,122,429	15,694,066	17,017,411
税額	467,925	431,845	439,088
実効税率	2.90%	2.75%	2.58%
配当支払額	14,173,671	15,127,873	22,601,660
税額	1,670,059	1,827,282	2,576,926
実効税率	11.78%	12.08%	11.40%
株式譲渡所得	563,563	631,325	7,279,479
税額	38,895	43,371	516,579
実効税率	6.90%	6.87%	7.10%
公的年金	48,957,079	48,301,337	47,340,011
税額	416,090	403,364	411,665
実効税率	0.85%	0.83%	0.87%
非居住者	3,696,062	3,500,508	4,282,911
税額	284,675	262,869	332,231
実効税率	7.70%	7.51%	7.76%
給与所得	246,605,641	249,366,127	254,333,220
税額	9,006,411	8,980,062	9,352,973
実効税率	3.65%	3.60%	3.68%

（出所）『国税庁統計年報』、各年版から作成。

非課税に近い状態であり、年金課税の再考が必要である。

次いで源泉課税で大きな所得種類は配当であり、２０１１年度には14兆円台であったが、２０１３年度の場合約22兆円を超えている。アベノミクスによる輸出産業の業績回復に伴い、大企業の配当支払い額が２０１３年度から大幅に増加した。しかし、そもそも約４兆円が非課税（租税特別措置法第９条、第11条により公共法人、公益信託は非課税）とされているうえ、約９兆円が特例税率での源泉課税であった。２０１３年までは、特例措置として、源泉徴収10％か、申告分離10％の選択が可能であった。これらの要因により、配当への源泉での実効税率は11～12％となっている。

利子は２０１３年度に約17兆円台まで増加している。超低金利が継続しているが、個人、法人ともに銀行預金が増加しており、そのために利子支払額が増加していると見られる。利子については、源泉分離課税20％となっているが、実際には２％程度の実効税率となっており、大幅に乖離している。支払利子額は約17兆円であるが、そもそも約13兆円が非課税となっているためである。このうち最大要因は、公債からの利子であり、租税特別措置法第８条により、金融機関が受け取る利子についての源泉非課税によるものと見られる。

株式譲渡所得は２０１１年度には５６３６億円であったが、２０１３年度には７兆２７９５億円まで急増した。アベノミクスによる株価上昇で、キャピタルゲインが大幅に増加した。しかし２０１３年度までは、特定口座において10％の源泉徴収で済んでいた。しかし実際には、株式譲渡所得への実効税率は７％前後で推移しており、10％を下回っている。このように年金、配当、利子、株式譲渡所得への実効税率はいずれも名目税率を下回っていた。

以上を小括すると、源泉徴収課税は課税当局にとり効率的な課税方法であるが、我が国の所得税は給与所得に対する源泉徴収課税が中心となっている。源泉課税において、所得種類別に実効税率を見ると、公的年金が最も低いが、利子や配当についても租税特別措置によって、大きく低下していた。問題はこれらの所得種類間で、所得階層間での発生状況が大いに異なることである。配当と株式譲渡所得は高所得階層が中心であり、年金は異なっている。次にこの問題を検討する。

Ⅳ　所得階層間での所得格差と所得税制

所得種類間での課税上の差異は、所得階層間での所得の発生状況や課税問題と極めて密接に関連している。所得の本来的な属性から見て、高額所得階層で集中して発生するものと、全所得階層で平均して発生するものがある。高額所得階層で集中して発生する所得種類としては、資産性所得、すなわち株式等譲渡所得や配当が代表的である。他方、給与所得は低・中所得階層で多くが発生し、最高所得階層ではむしろ少ないのである。

図表3-5は2013年度の所得階層別の合計所得、配当、株式等譲渡所得、給与所得の発生状況である。これは申告所得分だけであるが、日本では源泉課税分も含めた統計は存在していないため、このデータを使用する。まず合計所得の人員数（申告納税者数）であるが、2013年度には622・7万人となっているが、2005年度には829・4万人であった。最も減少した年度は2011年度であり、607万人であった。2005年度からわずか6～8年間で200万人以上申告納税者数が減少していることは税収に大きな影響を与えていると見られる。納税者数の減少は、景気動向に起因する部分もあるが、団塊世代の退職に伴う現役勤労者の減少に起因する部分もあると見ることが自然であろう。合計所得額合計は2013年度には38兆5882億円であったが、2005～2

図表 3-5　所得階層別の所得と配当、株式譲渡所得

	合計所得		配当所得		株式等譲渡所得		給与所得	
	人員	金額	人員	金額	人員	金額	人員	金額
合　計	人	100万円	人	100万円	人	100万円	人	100万円
70万円以下	183,582	98,968	1,706	396	2,970	2,083	51,518	38,315
100万円〃	294,152	252,827	3,377	146	3,047	2,496	84,133	56,115
150万円〃	701,552	883,033	10,630	537	6,675	6,174	260,417	241,682
200万円〃	774,198	1,353,805	15,137	1,032	9,073	8,538	330,520	385,791
250万円〃	676,694	1,514,561	16,660	1,315	9,735	10,183	307,473	440,774
300万円〃	535,574	1,466,282	15,935	1,486	9,733	11,445	247,255	434,107
400万円〃	746,245	2,581,499	29,165	3,171	19,783	26,070	373,248	856,362
500万円〃	494,307	2,205,824	24,543	3,565	20,354	30,019	272,827	836,036
600万円〃	348,474	1,905,566	19,328	3,910	19,479	33,874	213,760	830,081
700万円〃	257,968	1,668,024	15,434	3,948	17,664	35,849	170,621	791,472
800万円〃	188,853	1,410,405	12,116	3,604	14,827	34,395	129,915	694,071
1,000万円〃	251,369	2,239,183	17,622	6,496	23,167	67,494	178,006	1,127,412
1,200万円〃	164,249	1,795,258	12,349	6,446	16,617	61,594	121,269	949,185
1,500万円〃	165,904	2,218,691	15,105	12,338	17,753	82,641	125,907	1,220,003
2,000万円〃	166,651	2,872,917	17,206	21,993	18,935	117,583	129,582	1,622,666
3,000万円〃	136,718	3,302,081	18,026	39,710	18,183	169,400	104,951	1,730,225
5,000万円〃	83,064	3,138,132	14,522	56,365	13,700	215,861	62,467	1,457,917
1億円〃	41,435	2,775,711	8,631	69,572	9,287	295,970	30,754	1,125,336
2億円〃	11,168	1,490,611	2,945	54,418	3,807	296,001	8,156	469,480
5億円〃	3,698	1,086,115	1,288	59,802	1,897	399,654	2,837	255,118
10億円〃	860	591,497	339	30,484	638	362,756	685	86,900
20億円〃	324	445,196	160	26,004	263	313,421	266	48,051
50億円〃	174	527,917	99	25,939	163	454,726	148	19,241
100億円〃	39	259,567	28	15,101	37	224,041	34	6,733
100億円超	18	504,502	13	25,559	17	472,655	17	3,065
計	6,227,270	38,588,172	272,364	473,338	257,804	3,734,925	3,206,766	15,726,137

（注）2013年度。
（出所）国税庁『申告所得税標本調査』平成25年版、27年2月発行。

００７年度には約43～44兆円あり、大幅に減少している。納税者数の減少も一因となって、合計所得額が減少し、結果として税額も減少したと見られる。なお、合計所得は配当、給与など各種所得を合計した所得で、各種の所得控除の控除前の粗所得である。

まず合計所得階層で見ると、１億円以上の合計所得人員合計は５万７７１６人で全体の０・93％であるが、合計所得額合計は７兆６８１１億円と全体の19・９％を占めている。給与所得は全体の合計額で２０１３年度に15兆７２６１億円で、合計所得の40・８％にあたる。しかし給与所得に限ってみると、１億円以上の人員数は４万２８９７人で給与所得者合計の１・３％であるが、１億円以上の給与所得合計は２兆１３９億円で全体の給与所得合計の12・８％に過ぎない。１億円以上の階層で、給与所得は12・８％にとどまっており、合計所得と比べても、高所得層への集中は高いわけではない。

しかし配当や株式等譲渡所得の場合、高所得層への集中が著しい。まず配当であるが、１億円以上の人員数は１万３５０３人と配当合計人員数の４・96％であるが、１億円以上の階層による配当所得の合計は３０６９億円で、実に配当合計額４７３３億円の64・８％にあたる。配当の場合、上位５％の人員により、所得の約65％が帰属している。合計所得で１億円以上の所得階層では、配当所得だけで、１人あたり２２７３万円得ていることになる。一般の大衆投資家であれば、こうした配当所得を得ることはない。しかし、高所得階層では持株数も大きいと見られ、配当所得も大きい。一般に、個人の持ち株比率は低下しているが、高額所得層での配当は依然として大きい。

また株式等譲渡所得も同様である。譲渡所得の場合、合計所得１億円以上の人員数は１万６１０９

人であり、譲渡所得合計人員の6・2％であるが、1億円以上の階層で2兆8192億円発生しており、これは譲渡所得合計3兆7349億円の75・5％にものぼっている。配当以上に高所得階層への集中が著しい。この階層では、1人あたり1億7500万円もの譲渡所得が発生している。これはあくまで申告された譲渡所得であるから、2013年度まで有効であった特定口座源泉徴収10％課税分は含まれていない。

以上で見たように、配当や株式等譲渡所得など資産性所得は高額所得層に集中する傾向にあるが、給与所得は必ずしもそうではない。また利子所得も個人の場合には低所得層を含み全ての所得階層で均等に発生する傾向にある。また公的年金等所得については、合計所得1億円以上の人員数は1万1247人で、全体の0・6％にあたる。これに対し、公的年金等は156億円支払われており、合計の0・8％にあたる。公的年金等の場合、高額所得階層での支払いは多くはないが、そもそも合計所得1億円以上の高所得者に公的年金が平均で138万円支払われていることが検討課題であろう。

配当や株式等譲渡所得は高所得階層に集中する傾向にあり、しかも2013年度までは配当と譲渡所得のいずれも10％の源泉徴収が選択可能であった。しかし図表3-1でも示したように、一般の所得税限界税率は1800万円以上で40％（2013年度）となっていた。このため、高額所得階層では実効税率が低下する可能性がある。図表3-6は源泉税額と申告税額の合計を分子として、合計所得を分母とした実効税率を、2007年と2013年、2014年について見たものである。図表3-6によると、いずれの年においても、最高税率は合計所得が5000万円～1億円の階層であ

図表 3-6　所得階層別実効税率

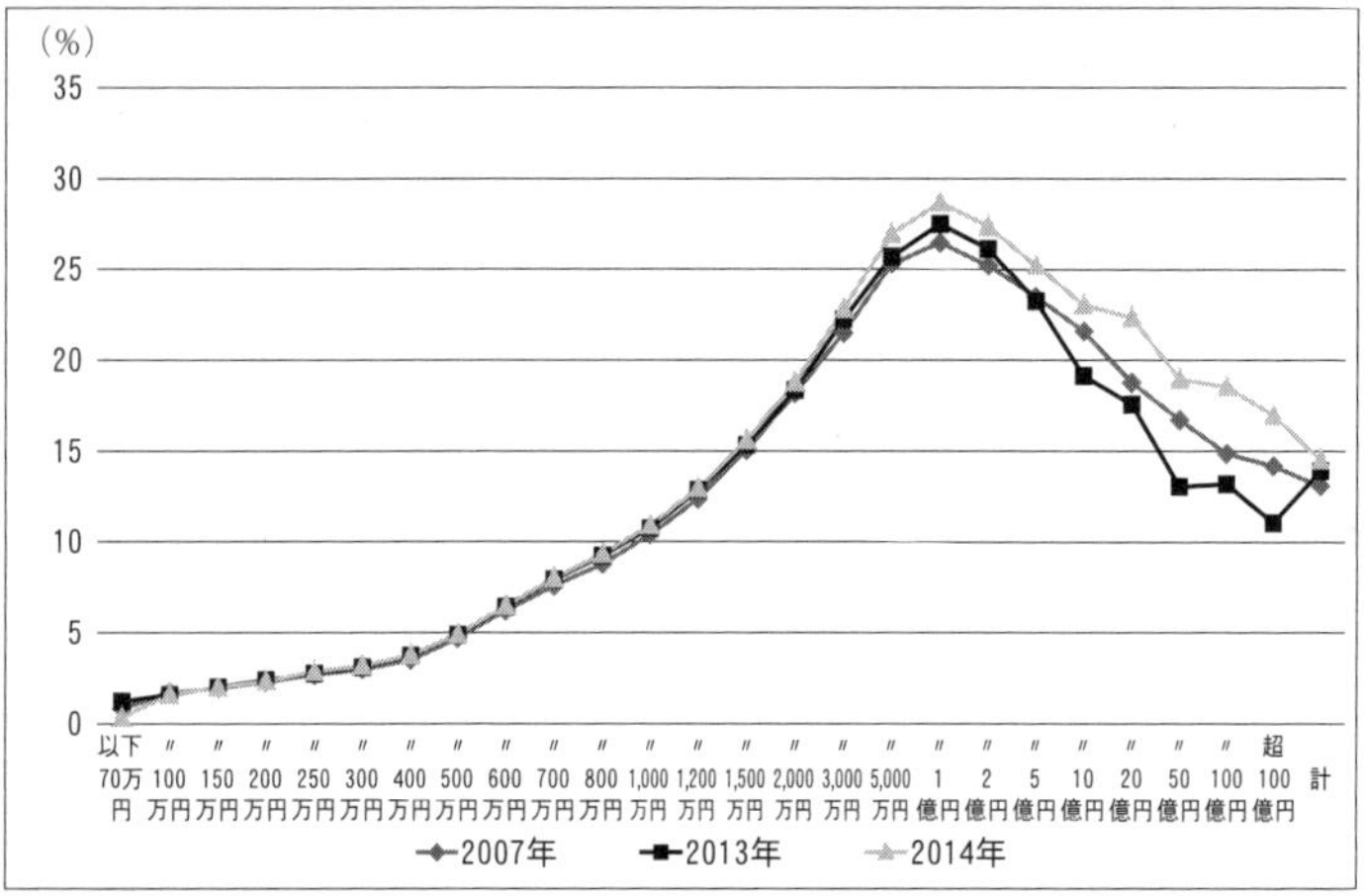

（出所）『国税庁統計年報』各年版から作成。

る。２００７年には26・5％、２０１４年には28・7％に達している。しかし、1億円以上の階層においては、漸次的に実効税率は低下し、最高所得階層１００億円超においては、２００７年に14・２％、２０１３年に11％、２０１４年に17％まで低下している。

２００７年に比較し、２０１３年には高所得階層で実効税率の低下が見られた。１００億円超の最高所得階層においては、２００７年に実効税率が14・17％であったが、２０１３年には11％と3ポイント低下している。合計所得で10億円超から、税率低下が見られる。これは税制の制度変更に起因するものではなく、高額所得階層における所得構成に起因すると見られる。すなわち２００７年に比べ、２０１3年に配当や株式等譲渡所得など10％源泉課税される所得の構成比が上昇したため、結果として全体の実効税率が低下したものと見られる。

高所得階層の所得構成を２００７年と２０１３年について比較すると、２００７年における合計所得が10兆６８８７億円、２０１３年における同所得が10兆８１９２億円と変わらない。また人員数合計が２００７年に14万８９６９人に対し、２０１３年に14万７８０人と変わらないどころか、むしろ減少している。２００７年と２０１３年で大きく異なる点は、２００７年に比べ、２０１３年に株式等譲渡所得が倍増したことである。２００７年に株式等譲渡所得は合計で１兆６８２１億円であったが、２０１３年には３兆３５１億円と急増している。ほぼすべての所得階層で、株式等譲渡所得が増加しているが、とりわけ10億円以上でこの傾向が鮮明である。とりわけ50億円以上では、株式等譲渡所得は２００７年における１７８５億円から、２０１３年には４５４７億円と急増している。高所得階層においては、合計所得のなかで、株式等譲渡所得の構成比が上昇し、10％課税の部分が増加した。この結果として、２００７年に比べ、２０１３年に高所得階層では実効税率の低下が発生したと見られる。アベノミクスによる株価上昇は、所得格差のみならず、税制による所得再分配も弱めた可能性が高い。この点を最後に検証する。

図表３-７は課税前と課税後でのジニ係数の推移である。確認までであるが、ジニ係数は所得の件数と所得額を、累積で合計し、その比例関係からの乖離度を示している。所得階層ごとに、所得件数の累積合計と所得額の累積合計が正比例している場合、45度線に一致する。しかし、実際には高所得層に所得額が集中する等のため、45度線から乖離する。この乖離部分の面積が、全体（三角形）の面積に占める比率が、ジニ係数となる。したがって、ジニ係数が大きいほど、所得分布は不公平とな

図表 3-7　ジニ係数の推移

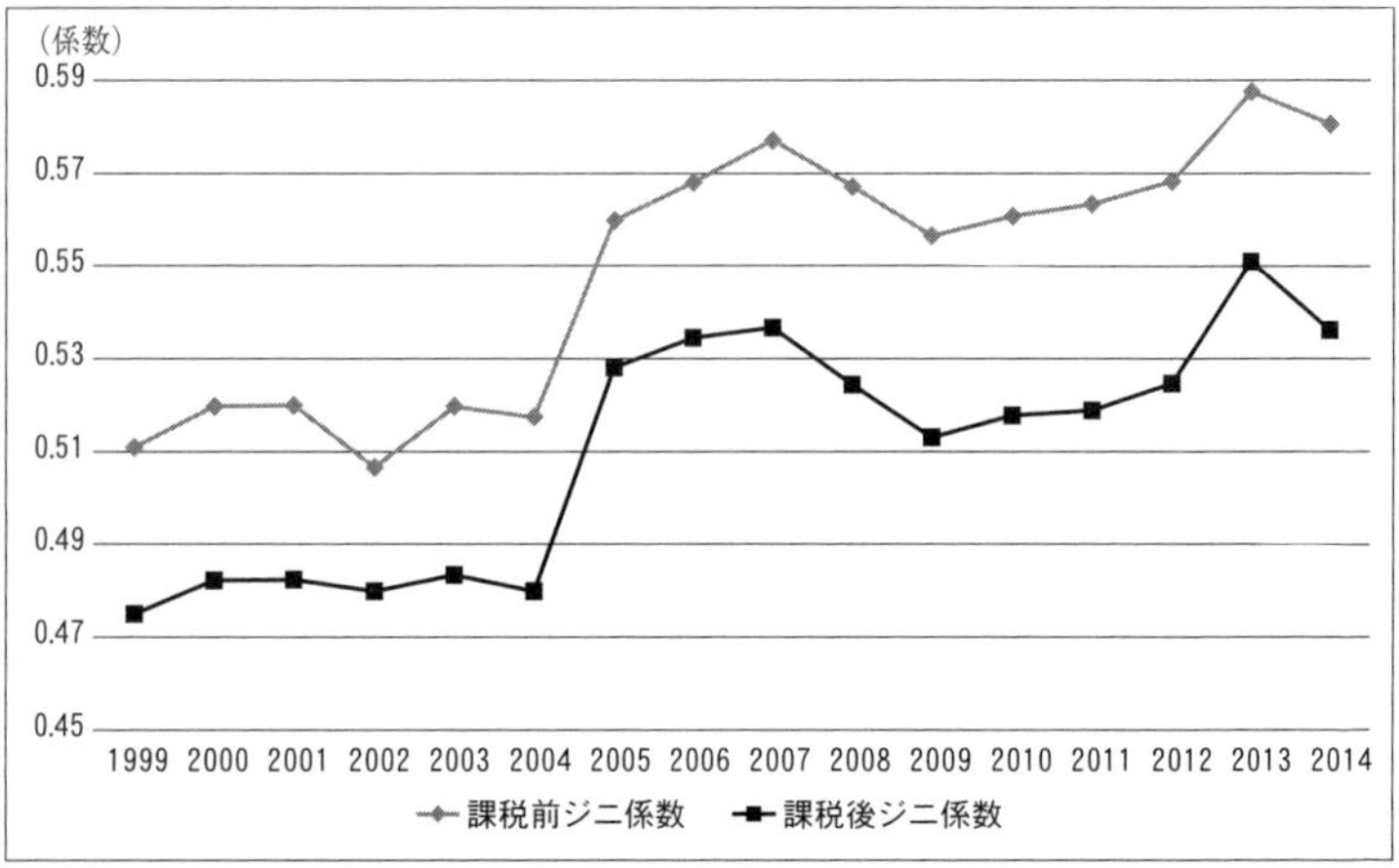

（注）　ジニ係数は１が最大値。
（出所）『国税庁統計年報』各年版から作成。

る。原データは図表３‐５の合計所得部分であるが、１９９９年には課税前ジニ係数が０・５１０９９４に対し、課税後ジニ係数が０・４７４９７であった。２００４年までは、概ね課税前ジニ係数は０・５～０・52の範囲内で推移した。また課税後のジニ係数も０・47～０・48で推移した。悪化が開始されたのは、２００５年以降であり、２００５年に課税前ジニ係数は０・５５９８６３となった。また課税後ジニ係数も０・５２８０６７と５ポイント程度悪化した。リーマンショック前で金融証券市場が安定し株価が上昇したこと、購入額１０００万円まで譲渡益非課税といった証券税制の特例措置があったこと等が影響したものと見られる[6]。日経平均株価は２００４年末の１万１４８９円から、２００５年末には１万６１１１円まで上昇した。

　リーマンショック後も、課税前ジニ係数の水準は0・56前後で定着し、リーマンショック前の水準には回帰しなかった。ただ課税後ジニ係数は、2009年から2010年にかけて0・51台まで改善した。これは購入額1000万円まで譲渡益非課税といった特例の証券税制が、2008年以降廃止されたことも一因と見られる。2011年から2012年にかけても、課税前ジニ係数は0・56程度、課税後ジニ係数は0・52程度で推移している。

2013年にアベノミクスで株価が上昇し、ジニ係数は悪化した。2013年に課税前ジニ係数は0・5875まで上昇し、課税後ジニ係数も0・55といった水準まで上昇した。2013年に課税前ジニ係数は1999年以降では最高（所得分配の公平性が最悪）となり、また課税後ジニ係数も0・55と1999年以降で最高になっている。すでに本章で見てきたように、その要因としては、高所得階層の所得のなかで配当や株式等譲渡所得の構成比が高まり、これらの資産性所得に対する課税が10％源泉課税であったことが大きい。

2014年にジニ係数がやや低下する傾向を示した。これは課税前ジニ係数に関しては、高額所得階層において、株式等譲渡所得が2013年に比べ減少した影響があろう。2014年に株価は上昇傾向にあったが、2013年に比べ半減した。また、2014年から株式等譲渡所得に関し、10％の源泉課税はできなくなり、課税後ジニ係数も低下したと見られる。

Ⅴ　まとめに代えて

個人所得税の最高限界税率は、１９８０年代に比べ、今日では大幅に引き下げられてきた。これは高所得階層への課税が緩和されてきたことを意味する。他方で、個人所得税の課税最低限は引き下げられ、低所得階層への課税は強化されてきた。

我が国の個人所得税は税額から見れば、給与所得に対する源泉徴収課税が中心となっている。源泉課税は徴税コストが低いため、課税当局からは効率的な課税方法である。源泉課税の実態を所得種類別に見ると、配当や株式等譲渡所得への実効税率は、本来の名目税率を下回っている。

２０１３年には、課税前と課税後のいずれでも、ジニ係数は１９９９年以降で最悪となっていた。アベノミクス効果で株価は上昇したが、所得課税は高額所得階層で緩和されてきたため、その影響と見られる。戦後70年、日本は経済格差が小さいと言われ、それが日本の活力源とも言われた。しかし、その特質は終焉しつつある。

高額所得層の配当、株式譲渡益を中心に、個人所得税には軽減措置が多く存在しており、それが租税負担率を低くしてきた一因であろう。結果として、所得税を中心として直接税の税収は伸び悩み、国債依存の財政金融政策が展開される。

（注）

（1）林栄夫、『戦後日本の租税構造』、有斐閣、1985年、216ページ。
（2）林〔1985〕、108ページ。
（3）田近栄治、日本経済新聞、2015年8月3日付。
（4）林〔1985〕、353ページ。
（5）代田　純、『現代イギリス財政論』、勁草書房、1999年、80ページ。
（6）代田純、「所得格差の拡大と株式市場」、『経済学論集』、駒澤大学、2007年10月、11ページ。後に加筆のうえ、代田純、「金融危機と所得格差問題」、代田純編著、『金融危機と証券市場の再生』、同文館出版、2010年、195～210ページに所収。

第4章　国債膨張の軌跡と論理

I　はじめに

第2～第3章で明らかになったように、税制は、直接税を中心にして、本格的な増税を経ないまま、今日に至っている。他方、第1章でも指摘したように、歳出の膨張は継続してきた。本格的な増税をしないまま、歳出膨張が可能になった要因は、国債発行に他ならない。国債の発行と償還に伴う財政負担が緩和され、財政規律が弛緩していたからこそ、国債発行によって資金を調達し、増加する歳出をまかなってきた。以下では、1965年以降の国債膨張を振り返り、それを可能にした要因として、四条国債の拡大解釈、付随する60年償還ルールと特例国債への適用、国債整理基金特別会計と借換国債、長期金利の低下と財政負担軽減、民間銀行ならびにゆうちょ銀行等公的金融による国債保有、日銀による量的・質的金融緩和等を指摘する。

Ⅱ　四条国債の拡大解釈

まず、図表4-1により、国債発行の事実関係を確認しておこう。第二次大戦後（1945年）から1964年までは、国債は発行されなかった。これは以下で説明するように、財政法が国債発行を原則として認めていないからである。このためもあり、我が国で国債発行は1965年に再開（戦前以来）された。1964年に、最初の東京オリンピックが開催され、その後、景気は急速に悪化した。このために1965年に戦後最初の国債が特例国債として発行された。特例国債は通称で赤字国債と呼称されるが、財政法で本来禁じられており、発行に際して、特例法を予算案とセットにより国会で議決しなければならず、そのために特例国債とされてきた。1965年に特例国債が1972億円発行された。しかし、その後、1966年以降は、四条国債として発行された。四条国債は通称で建設国債と呼ばれるが、財政法第四条の但し書きに基づく国債であり、建設国債という通称に誤解が含まれている。1966年には、四条国債が6656億円と急増して発行され、その後景気は回復したものの、2016年に至るまで、一度も停止されることなく発行されてきた。

まず、ここで財政法の関連個所を確認しておく。以下で見る、第四条と第五条に関しては、昭和22年の制定以来、今日まで改正されていない。

第四条　国の歳出は、公債又は借入金以外の歳入を以て、その財源としなければならない。但し、

図表 4-1　国債発行額と国債費比率

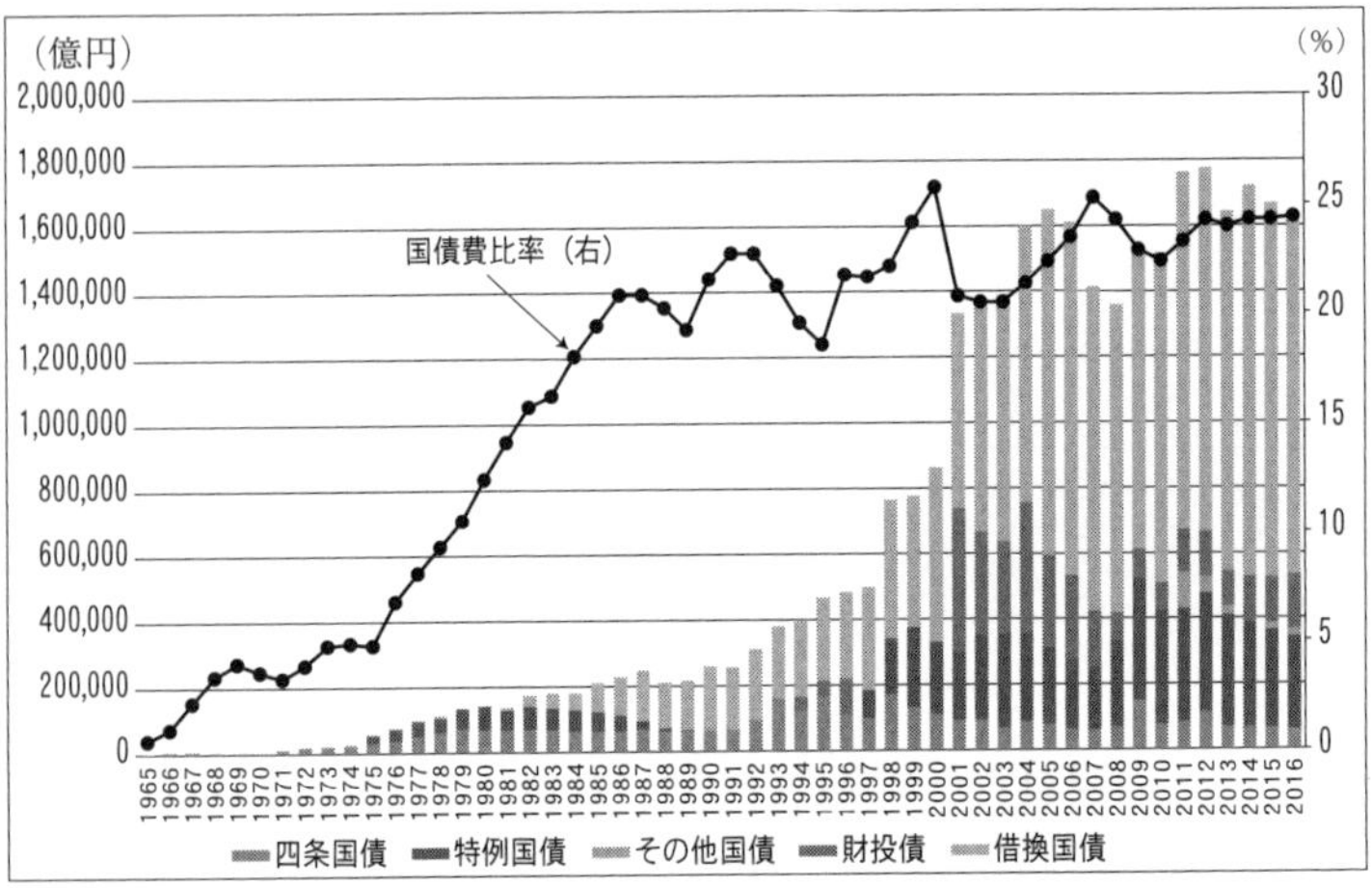

（注）　国債費比率＝国債費÷一般会計
（出所）　参議院予算委員会調査室『財政関係資料集』から作成。

公共事業費、出資金及び貸付金の財源については、国会の議決を経た金額の範囲内で、公債を発行し又は借入金をなすことができる。
○2　前項但書の規定により公債を発行し又は借入金をなす場合においては、その償還の計画を国会に提出しなければならない。
○3　第一項に規定する公共事業費の範囲については、毎会計年度、国会の議決を経なければならない。
第五条　すべて、公債の発行については、日本銀行にこれを引き受けさせ、又、借入金の借入については、日本銀行からこれを借り入れてはならない。但し、特別の事由がある場合において、国会の議決を経た金額の範囲内では、この限りでない。

第四条の本則規定で、公債の発行が認められていないことは明らかであろう。しかし、但し書きがあり、公共事業費等については許容されている。そこで問題は、ここで言う「公共事業、出資金及び貸付金」とは何か、ということである。また、それによって規定される四条国債の性格が問題となる。

財政法の成立過程を研究した加藤三郎東大名誉教授によると、財政法の制定にあたり、大蔵省銀行局が作成した文書が影響を与えた。その文書では、「1．鉄道、通信等の事業公債及び終戦処理のため特に必要とする公債の外、今後歳入補填公債は発行しないこと。2．公債の新規発行は、原則として公募により、日本銀行引受によるのは、特に議会の協賛を経た場合に限ることとし、この場合に於いても日本銀行は、引受総額の一定割合以上を一年を超え保有することは出来ないものとすること。」としていた(1)。

したがって、大蔵省銀行局によっては、当時の国鉄や電電公社など、国有企業のために発行し、料金を徴収することで収益をあげていて、その収益から債務を返済できるような公債が想定されていたと見られる。しかし、財政法第四条の規定では、こうした収益事業に限定された公共事業という側面は後退している。同時に、国債の日本銀行引受は原則として禁じられ、この規定は財政法第五条で具体化された。ただし、銀行局の文書にあるような、引き受けた場合の保有制限は、姿を消し、特別な事由がある場合という例外規定が盛られた。

本来、建設国債とは、自償性を持つ国債である。自償性とは、自ら元利を償還できる生産性、収益性を持つことである。例えば、旧国鉄であれば、事業を行い、料金収入があり、債務の元利を支払う可能性がある。この場合、債券（国債）の元利払いは税負担によるのではなく、事業収入で元利返済をなしうる。こうした自償性を持つ国債を建設国債と呼ぶのであり、大蔵省銀行局が文書で想定した国債も、本来の建設国債と見られる。

しかし、現実の日本の四条国債は自償性を持たない。社会資本を形成すると言っても、例えば一般の舗装道路は料金収入もないので、元利償還できず、自償性がない。この場合、生産性はないので、元利償還はもっぱら税負担に依存する。この限りでは、特例国債との区別はない。しかし、日本の四条国債は建設国債と呼ばれ、社会資本を形成するとされて、限度額一杯まで発行されてきたのである。日本では、四条国債は社会資本を形成し、受益の世代間負担から対応するとされて発行されてきた。この受益の世代間負担に関しても、負担は貨幣表示で明示できるが、受益は貨幣表示では明示できない(2)。無料の舗装道路から、誰が、いくらメリットを受けたか、不明であろう。

四条国債の発行額は、単純に一般会計の費目としての「公共事業関係費」(2016年度当初予算で5兆9737億円)ではない。一般会計の公共事業関係費のなかでも、住宅対策費、空港整備費等を除き、「その他施設費」を加えた費目が「公共事業費」となる。さらに出資金、貸付金を加えたものが、「適債事業費」と呼ばれ、四条国債の対象経費となる(3)。問題の第一は、「その他施設費」の実態は、官庁の施設費等が中心であり、本来、公共事業とも呼べない経費である。また第二に、適債事業費に対する四条国債発行額の比率を起債充当率と呼ぶが、この充当率が恣意的に決定されてきた。本来は、対象となる社会資本の耐用年数等を考慮して、起債充当率は決定されねばならない。

この点について、最近の状況を見たものが、図表4-2である。2016年度予算において、一般

図表 4-2　四条国債の根拠となる適債事業費の範囲

（億円、%）

			22 年度	23 年度	24 年度	25 年度	26 年度	27 年度	28 年度
適債事業	公共事業費 a		60,652	57,640	55,729	55,576	57,537	58,351	58,670
		公共事業関係費	54,767	47,505	44,063	50,794	52,631	52,760	52,894
		その他施設費	5,885	10,136	11,665	4,782	4,906	5,591	5,776
	出資金		3,524	4,150	4,178	2,968	3,428	2,576	2,511
		国債整理基金繰入	1,420	2,045	2,261	1,403	1,853	1,133	1,100
	貸付金		757	759	810	771	932	971	1,100
		育英資金	703	706	758	719	676	748	880
	合計 b		64,933	62,550	60,717	59,316	61,897	61,898	62,281
一般会計	公共事業関係費 c		57,731	49,743	45,734	52,853	59,685	59,711	59,737
四条国債	d		63,530	60,900	59,090	57,750	60,020	60,030	60,500
特例国債			379,500	382,080	383,350	370,760	352,480	308,600	283,820
復興国債(補正)				115,500					
合計			443,030	558,480	442,440	428,510	412,500	368,630	344,320
	a/c		105.1	115.9	121.9	105.1	96.4	97.7	94.2
	d/b		97.8	97.4	97.3	97.4	97	97	97

（注）　起債充当率＝ d/b
（出所）　財務省、『予算の説明』各年版から作成。

会計の公共事業関係費は５兆９７３７億円であるが、このうち５兆２８９４億円が適債事業として計上されている。このほか、「その他施設費」であるが、衆議院、参議院、裁判所、国立大学、文教施設、保育所等のいずれも施設（建物）等が対象となって５７７６億円が計上されている。さらに出資金として、国債整理基金１１００億円を中心として、合計２５１１億円、貸付金として、育英資金８８０億円を中心として、合計１１００億円が計上されている。「その他施設費」に含まれる官庁の建物については、「公共事業」とは言い難く、本来税収でまかなうべきであろう。また貸付金における育英資金とは、日本学生支援機構から大学生等へ貸与される奨学金原資であろうが、四条国債で奨学金原資を調達することは、理解できない。

図表４-２で、一般会計の公共事業関係費に対する適債事業の公共事業費の比率（a／c）は、「その他施設費」が膨らむと上昇する傾向になる。この比率は２０１１年度に１１５・９％、２０１２年度予算で１２１・９％まで上昇した。民主党政権で、地域自主戦略推進費６７５４億円などが計上され、「その他施設費」が膨張した。安倍政権となり、この比率は低下した。しかし、起債充当率（適債事業費に対する四条国債発行額の比率）は、２０１０年度の97・８％から、ほぼ同水準で推移し、２０１６年度でも97％となっている。起債充当率を１００％近くまで引き上げる傾向は、現在でも継続している。

日本の四条国債を考える際、建設国債主義をとってきたドイツの動向が参考になる。ドイツでは、憲法（連邦基本法）で国債に関し、従来から規定が設けられてきた。日本では財政法第四条という、一般法での規定であるから、ドイツではより上位の法的規定である[4]。連邦基本法第一一五条において、建設公債の原則が規定され、投資支出の総額を超えてはならない、とされてきた。その後、統一通貨ユーロが導入されて、一般政府財政赤字の対ＧＤＰ比率３％という、グローバル・ルールが加わった。しかし、リーマンショックの影響に対し、ドイツでも経済対策（銀行への公的資金注入等）が実施され、財政赤字が増大し、危機感が高まり、２００９年に連邦基本法の公債発行関連規定の見直しが実施された。

すなわち、２００９年に連邦基本法に、連邦政府と州政府の財政収支均衡原則（起債制限、Debt Blake）が加わった。これは原則として公債収入なしで予算を均衡させねばならないが、連邦政府ではGDPの0.35％を超えない範囲で公債発行が認められる。その適用は、連邦政府では２０１６年から、州政府では２０２０年から、とされた[5]。EUから２０１３年までに一般政府赤字対GDP比率をマイナス３％以内に是正することを求められてもいたが、国内規定で厳格化したことになる。

以上のように、ドイツでは、憲法改正までして、公債発行を抑制しようとしてきた。このために、ドイツでは近年、国債発行は抑制されてきた。近年におけるドイツの粗国債発行額（非市場性国債を含む）であるが、２０１１年度には４９１１億ユーロあったが、２０１５年度には２８０７億ユーロまで減少した。２０１６年は、憲法に債務ブレーキ条項が導入されて以来、初めて適用の年となるが、財政収支が良好であり、全く問題になっていない。２０１６年の国債発行計画額（非市場性国債を除く）２０２５億ユーロに対し、２０１７年は１７２０億ユーロとされ、減少している[6]。借換の需要だけに対応している。

以上でドイツの事例も紹介しつつ四条国債に関し見てきた。本来、財政法第四条の但し書きは、鉄道や通信などの収益事業を対象とする公債を念頭に置いていた。したがって、明記はされていないが、自償性を持った国債に近い。しかし、現実には、官庁の建物、奨学金の原資など、およそ自償性を持った公共事業とは乖離した経費に対し発行されてきた。四条国債の拡大解釈と適用が、国債膨張の第一の要因である。

Ⅲ　60年償還ルールと特例国債への適用

国債膨張の第二の要因が、60年償還ルールと、四条国債のみならず、特例国債への拡大適用である。60年償還ルールとは、四条国債に対応する社会資本の平均耐用年数が60年であるから、国債も60年かけて償還する、というルールである。国債発行が1965年度に開始され、毎年発行が継続し、償還が意識され始めた1968年5月に確立された、とされる。[7] しかし第1章でも触れたように、60年償還ルールと深く関連する、国債整理基金特別会計は明治38年設立であり、戦前以来の歴史があった。この前史との関連で、60年償還ルールも検討されねばならない。

60年償還ルールでは、10年国債が600億円発行された場合、最初の満期（10年後）には、100億円を現金償還し、残りの500億円は借換発行される（借換国債発行）。次の満期（20年後）に、また100億円を現金償還し、残りの400億円は借換発行される。こうして60年かけて償還されるが、財源は一般会計から国債整理基金特別会計への定率繰入が基本となる。

しかし、問題の第1点は、60年償還ルールと1.6％の定率繰入の整合性である。60分の1だから、約1.6％と単純に理解されやすい。しかし、理念としての「60分の1」は、「発行額の60分の1」であり、実務としての「1.6％」は「残高の1.6％」である。このために、発行から一定期間経過し、残高が減少するため、繰入額は償還額を下回る。[8] 須藤時仁教授によると、定率繰入だけでは、44%も不足するので、本来は2・86%（10年債）の繰入が必要（一般会計剰余金繰入等で上乗せ）である。60年償還ルールは、2年債など短期の国債にも適用されるが、短期物ほど、高い繰入率（満期償還までの期間が短いため）が必要となる。しかし、従来の国債償還実績を見ると、60年償還ルールすら守られず、借換国債が上乗せされて発行されている。[9]

問題の第2点は、60年という期間の設定である。四条国債は社会資本に対応して発行されるので、社会資本の平均耐用年数として60年とされた。この算出にあたり、昭和41年度（１９６６年度）の国債発行に関し、土地ならびに出資金の永久資産は１００年として計算すると、60年程度になる、と政府は答弁している。当時の永久資産は資産の20%を占めていたという評価もあり、耐用年数の計算に大きな影響を与えていた。しかし、２００９年度の資産については、永久資産は６・６%にとどまる、と指摘されている。[10]

また１９９８年に経済企画庁が、推計した社会資本の耐用年数がある。税法上の耐用年数を基礎として推計し、個別資産の耐用年数を加重平均する等して、部門別の耐用年数を計算したものである。これによると、１９８４年度以前の社会資本ストック平均耐用年数は32年、１９８５～１９８６年度は33年、１９８７年度は36年とされた。[11]この経済企画庁の推計からも、四条国債に関わる60年という償還期間は長すぎると言える。

筆者は、むしろ、60年償還ルールは、戦前の国債整理基金特別会計への繰入を踏襲したものと見ている。１９６５年度において、すでに借換国債の規定は存在した。借換国債は財政法第四条と直接関係なく、国債整理基金特別会計法第五条で発行が認められてきた。(12) 国債整理基金特別会計は明治39年3月制定で、同法の第五条が借換債発行を規定してきた。(13)

もともと昭和7（1932）年まで、国債整理基金特別会計法第二条第一項により、「前年度首の一般会計国債総額の1・16%を、一般会計から同特別会計へ繰り入れ」と規定されていた。すなわち定率繰入は1・16%として昭和初頭から存在した。しかし、昭和7年の満州事変後、赤字国債が増発され、「国債償還資金の繰入一部停止に関する法律」により、1・16%の3分の1（約0・39%）へ引き下げられ、戦後まで維持されてきた。戦後まで、一般会計からの定率繰入は約0・39%であった。しかし、財政法成立（昭和22、1947年）に伴い、財政法六条により、一般会計剰余金の2分の1を国債整理基金特別会計に繰り入れることとされた。(14) すなわち、一般会計剰余金繰入は1947年から開始された。その後、1965年度から国債発行が再開となり、1967年度に、戦前以来の「1・16%の3分の1」という規定が変更され、「前年度期首の国債残高の1・6%分を一般会計から国債整理基金特別会計に繰り入れる」という規定となった。(15) こうした歴史的経過を見ると、1・6%という規定は戦前以来の1・16%を意識したもので、社会資本の耐用年数が60年という論理は、後付けと見るのが自然だろう。

さらに深刻な問題は、もともと四条国債に関して60年償還ルールは形成されたのだが、1985年度に特例国債の償還が近づいた時、特例国債にも拡大適用してしまった。本来、特例国債が発行された時、借換はしないことが明記されていた。しかし、特例国債にも60年償還ルールを適用してしまい、ここに国債をめぐる財政規律は極めて弛緩した。

Ⅳ　国債整理基金特別会計と借換国債

歴史上、減債基金は、19世紀にイギリスで導入されたと言われる。イギリスには第一次大戦時、減債基金が存在した[16]。しかし、現在、イギリスには国家貸付基金があり、その貸付先が債務管理勘定(Debt Management Account)となっている。

借換国債というカテゴリー自体が、国際的に今は存在しない。イギリスでは、かつて借換国債(Conversion Loan)が1920年代に発行されたが、今は発行されていない。日本の国債整理基金特別会計は戦時財政の遺物であり、借換国債が同会計の発行とされることで、一般会計と切断された。また借換国債は新規財源国債ではない、という理由で、発行限度額は国会議決対象からはずされている[17]。議決対象から除外されると、どうしても裁量によって左右される面が出てくる。国債整理基金特別会計と借換国債の存在が、国債膨張の第三の要因であろう。第8章で検討する。

Ⅴ　長期金利の傾向的低下とゼロ金利、マイナス金利

国債膨張の第四の要因は、1970年代以降、長期金利が上昇局面を挟みつつも、傾向的に低下し

図表 4-3　長期金利と消費者物価上昇率

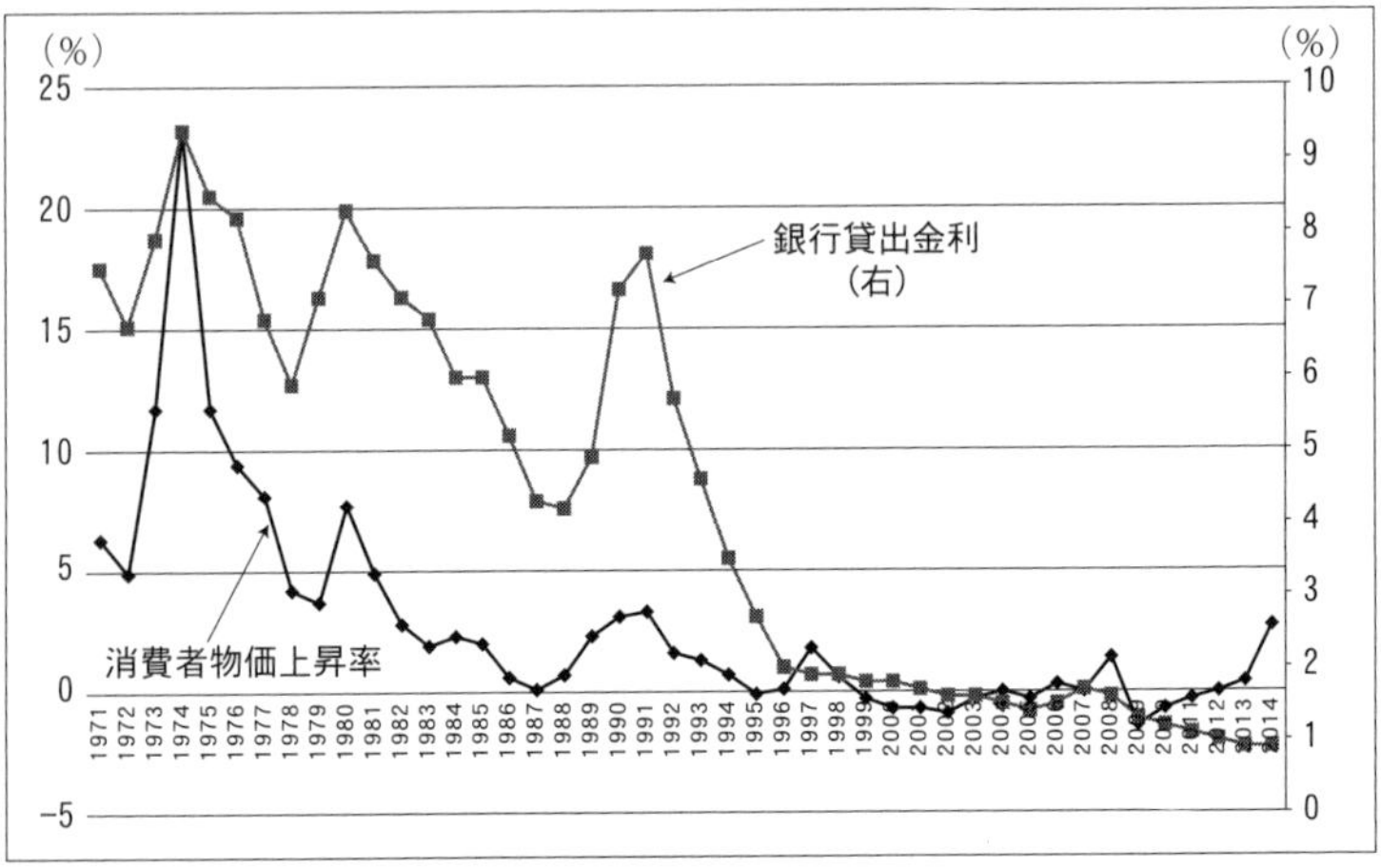

（出所）　日銀『経済統計年報』、『日本銀行統計』等から作成。

てきたことである。長期金利の低下は、長期国債の発行コスト軽減をもたらし、財政当局に国債発行への抑止姿勢を喪失させてしまった。さらに、２０１６年から日銀がマイナス金利政策をとり、10年国債利回りも一時的にマイナスとなり、財政当局は国債発行により、金利を受け取ることになった。

図表４‐３は、長期金利と消費者物価上昇率の長期推移を示している。長期金利が最も高かったのは、１９７４年で、９・４％であった。長期金利に影響する要因は複数かつ多様であるが、有力な要因が消費者物価上昇率であることは誰も否定できない。１９７４年当時、第一次オイルショックの影響から、消費者物価上昇率は23・2％と極めて高く、長期金利も高水準であった。エネルギー関係の価格動向、ならびに為替レートが、日本の物価動向に最も影響することは、１９７０年代以来、変わらない。その後、エネルギー価格は落ち着き、消費者物

価上昇率も低下し、長期金利も低下した。しかし、1979年に第二次オイルショックが発生し、物価と金利は再び上昇した。1980年に長期金利は8・3％まで上昇した。この時期は、図表4-1で見たように、国債発行額が相対的に小さかったため、一般会計に占める国債費比率も相対的には低かった。しかし、同比率は1970年度における3・7％から、1980年度には12・5％まで上昇した。

1980年代には、長期金利も消費者物価上昇率も低下傾向にあった。消費者物価上昇率は1987年には0・1％まで低下し、長期金利も1988年には4・2％まで低下した。この時期は、四条国債発行額が6～7兆円、特例国債発行額が5～6兆円、合計で11～13兆円という規模が定着してしまった。このため、図表4-1が示すように、一般会計に占める国債費比率も急上昇し、1986年に早くも20・9％に達している。2016年現在、同比率は24・4％であるが、1986年にすでに現在と同水準まで上昇していたことが注目される。

第1章でも指摘したが、インフレによる税の自然増収というメカニズムは、弱まりながらも、1980年代までは機能していたと考えられる。1980年代から1990年にかけては、消費者物価上昇率は、図表4-3からもわかるように、おおむね0～7％の範囲で推移し、結果として税収増をもたらす面もあった。1990年代後半以降は、消費者物価上昇率は1％以下に低迷し、税の自然増収は、逆転し、税の自然減収となった。

1990年前後に、消費者物価上昇率は3％台まで上昇し、長期金利は7％台に達した。当時は、湾岸戦争によりエネルギー価格が上昇したこと等から、消費者物価上昇率が上昇し、企業の資金需要も強かったこともあり、長期金利が上昇した。しかし、長期金利の上昇は、株価、地価といった資産価格の崩落をもたらし、「失われた20年」に入る。

１９９０年代後半以降、消費者物価上昇率は１％どころか、マイナスとなり、デフレが深刻化する。高齢化による所得件数の減少（現役の給与所得者減少）と賃金低迷は、勤労所得中心の所得税税収を落ち込ませ、財政赤字を拡大させた。しかし、１９９０年代後半以降、長期金利は２％から１％へと低下し、国債発行のコストも著しく低下した。ここに四条国債の拡大解釈、特例国債の恒常化、60年償還ルールの特例国債への適用が加わり、一挙に国債発行額は増加した。図表４-１でも、１９９０年代後半以降、国債発行額が急増したことがわかる。

１９９０〜１９９３年度に、特例国債こそ発行されなかったが、その時期ですら、四条国債は発行が継続した。また、この時期は借換国債の発行が増加していることが、図表４-１から読み取れる。１９８０年代に発行した四条国債、特例国債が償還期を迎え、借換国債の発行増加を引き起こした。

２０００年度以降、長期金利は１％に近づいたため、借換国債も含むと、国債発行額は１６０兆円前後が定着している。２００１年度以降、財政投融資改革によって、財投債（財政投融資特別会計債）の発行も開始された。２０００年代の前半、財投債によって、30〜40兆円程度が国債発行額に上乗せされた。財投債と四条国債の区別は、曖昧である。財務省は、財投債は財政投融資を介して見合資産を形成するという理由で、ＯＥＣＤの公的債務統計に含めていない。しかし、四条国債も社会資

図表 4-4　非金融法人の資金過不足と金融機関借入

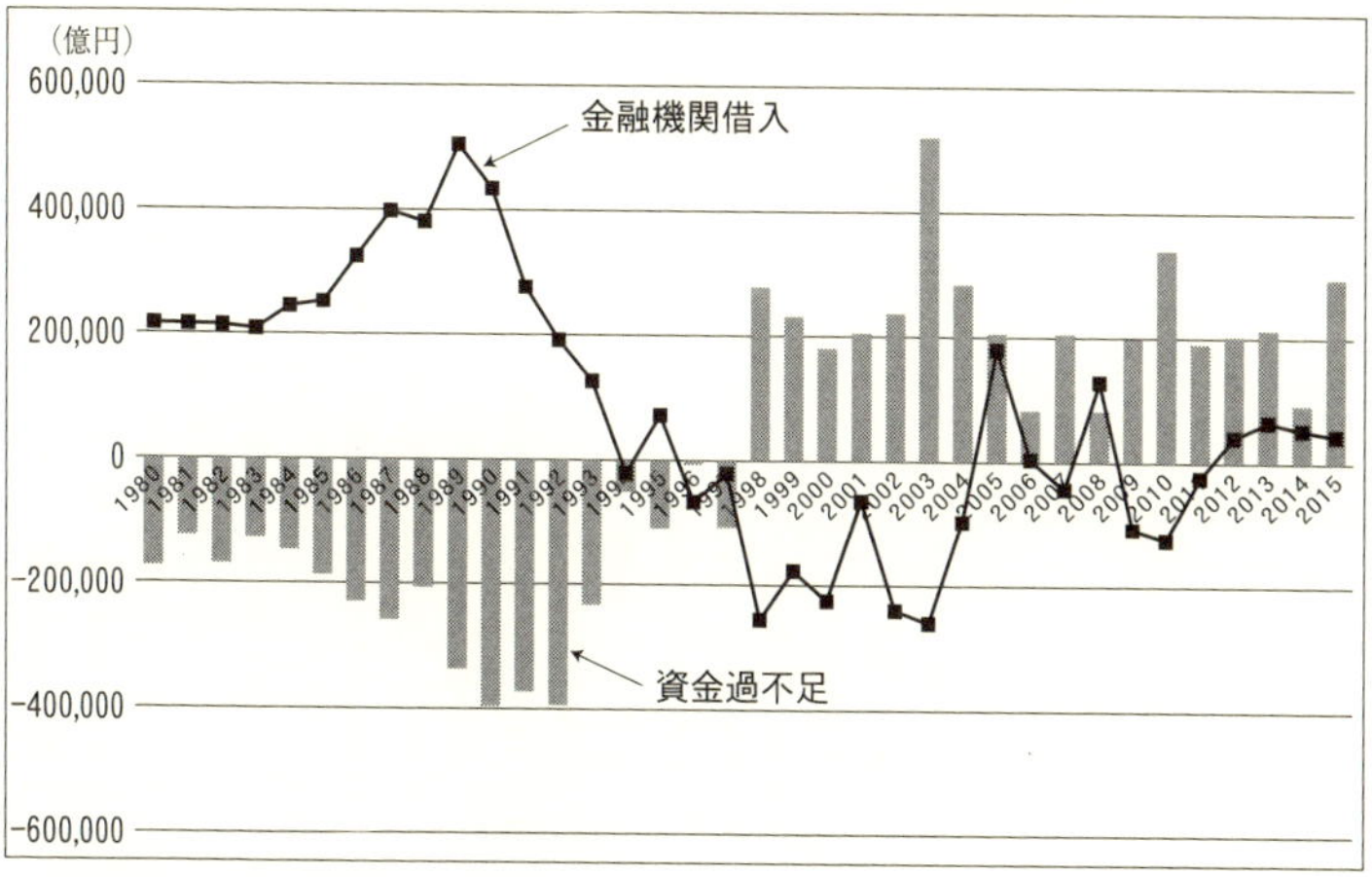

（出所）『日本銀行統計』から作成。

本を形成するとしてきた過去の論理と整合性がない。また指摘したように、四条国債によって、学生支援機構（財政投融資対象機関）の資金を調達するなど、四条国債と財投債は混然一体となっている。

２０００年代に入り、国債発行額が１６０兆円程度に定着したものの、一般会計に占める国債費の比率は24％前後で推移している。この最大要因は、長期金利の低下であった。しかし、１９９０年代を境として、別の要因が発生し、長期金利を低下させた可能性が高い。非金融法人（事業法人）の資金需要が減少し、資金循環上、資金余剰部門に転換したことである。これに伴い、銀行など金融機関による企業向け貸出が伸び悩むこととなった。

図表４-４は、非金融法人（企業）の資金循環上での資金過不足と、金融機関借入（フローベース、資金循環表ベース）を示している。日本の高度経済成長（１９５０〜１９７０年代前半）が企業の設備

図表4-5　民間銀行の国債保有

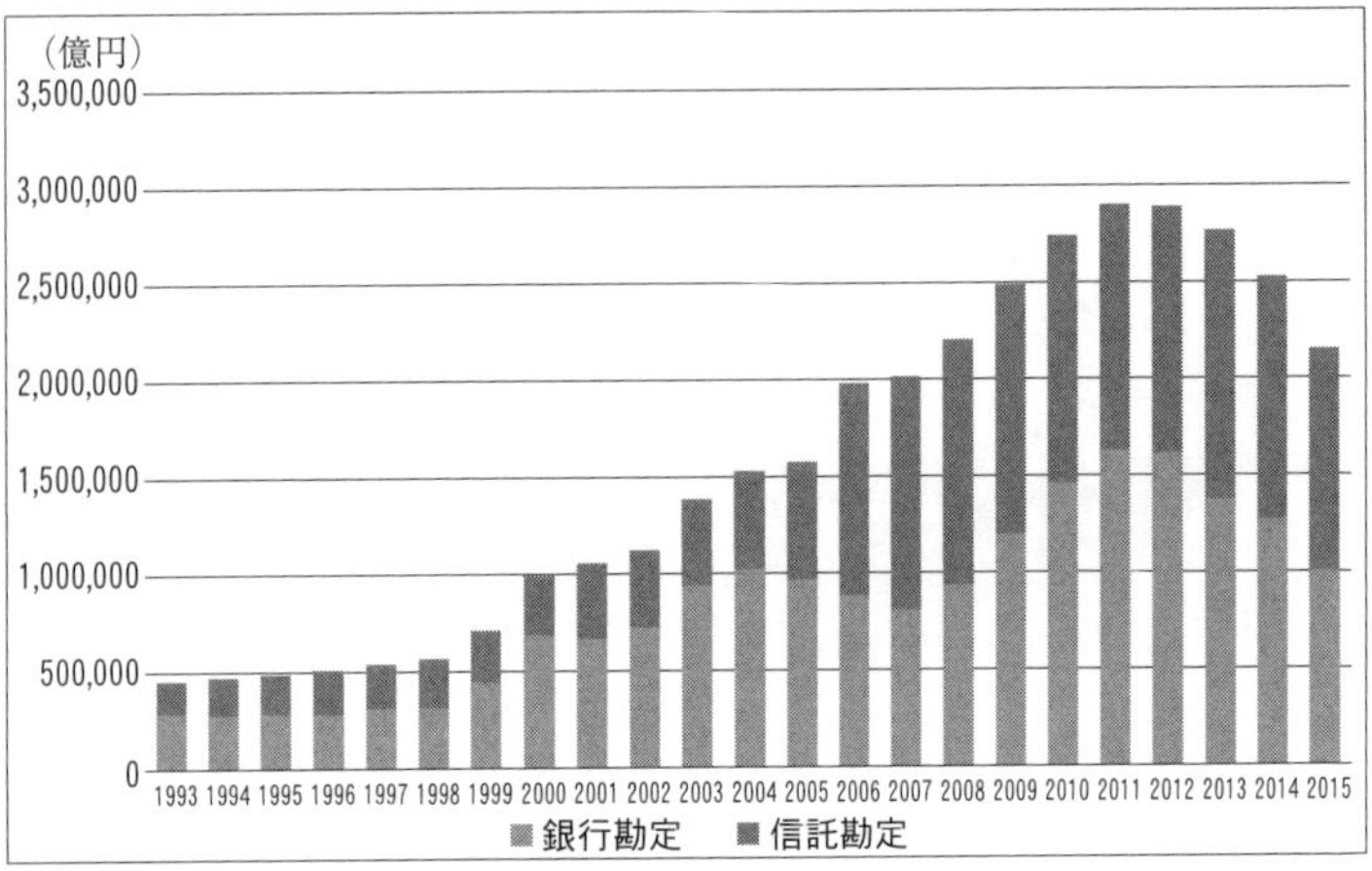

（出所）『日本銀行統計』から作成。

投資中心であり、企業は資金不足で、金融機関借入で資金調達してきたことは周知である。この構造は、変化を伴いつつも、１９８０年代までは継続したと見られる。１９８０年代までは、企業は資金不足で、金融機関借入が大きかったからである。しかし、企業の資金需要の内容は、１９８０年代以降、実体経済での実物投資ではなく、金融資産の運用（いわゆる財テク）に変わっていたと見られる。この金融資産運用に関わる資金需要が、１９９０年以降崩壊し、資金需要は減り、資金余剰となった。国内で設備投資を抑制したことが主因である。資金余剰となった企業は、資金を銀行預金中心に運用した。銀行も資金調達するニーズが減少し、コール市場での金利は実質ゼロ金利となった。金融市場では、金利の裁定が働くから、長期金利も低下した。

　銀行からすれば、法人から預金に資金が流入する一方で、法人向けの貸出は伸び悩んだ。このため、銀行の資金は国債に向けられた。図表4-5で示すように、銀行の国債保有は2000年以降、増加していく。非金融法人部門から、政府部門に、資金不足部門は転換し、銀行による金融仲介で、政府部門の赤字（国債）はファイナンスされた。

以上見てきたように、長期金利が低下したことは、国債発行のコストを低下させて、国債発行を抑止する機能を麻痺させてしまった。

Ⅵ　民間銀行ならびに公的金融による国債保有

2000年代に入り、民間銀行による国債保有は急増した。図表4-5は、民間銀行の国債保有（銀行勘定、信託勘定）を示している。信託勘定分は、投資信託や年金信託の保有であるが、信託銀行の名義になっているものである。銀行勘定と信託勘定の合計は、1998年には56兆6253億円であったが、10年後の2008年には220兆3933億円まで急増した。さらに2011年には、過去最高の289兆9770億円に達した。日銀による国債保有が急増を遂げるのは、図表4-6が示すように、2010年以降である。したがって2000～2010年の期間では、民間銀行がもっぱら国債の受け皿となった。財務省の統計によると、民間銀行とゆうちょ銀行の合計で、2009年度には47・4％もの国債保有シェアに達した。以下、民間銀行が国債保有シェアを引き上げた要因を検討する。

図表4-6　日銀の総資産と国債保有

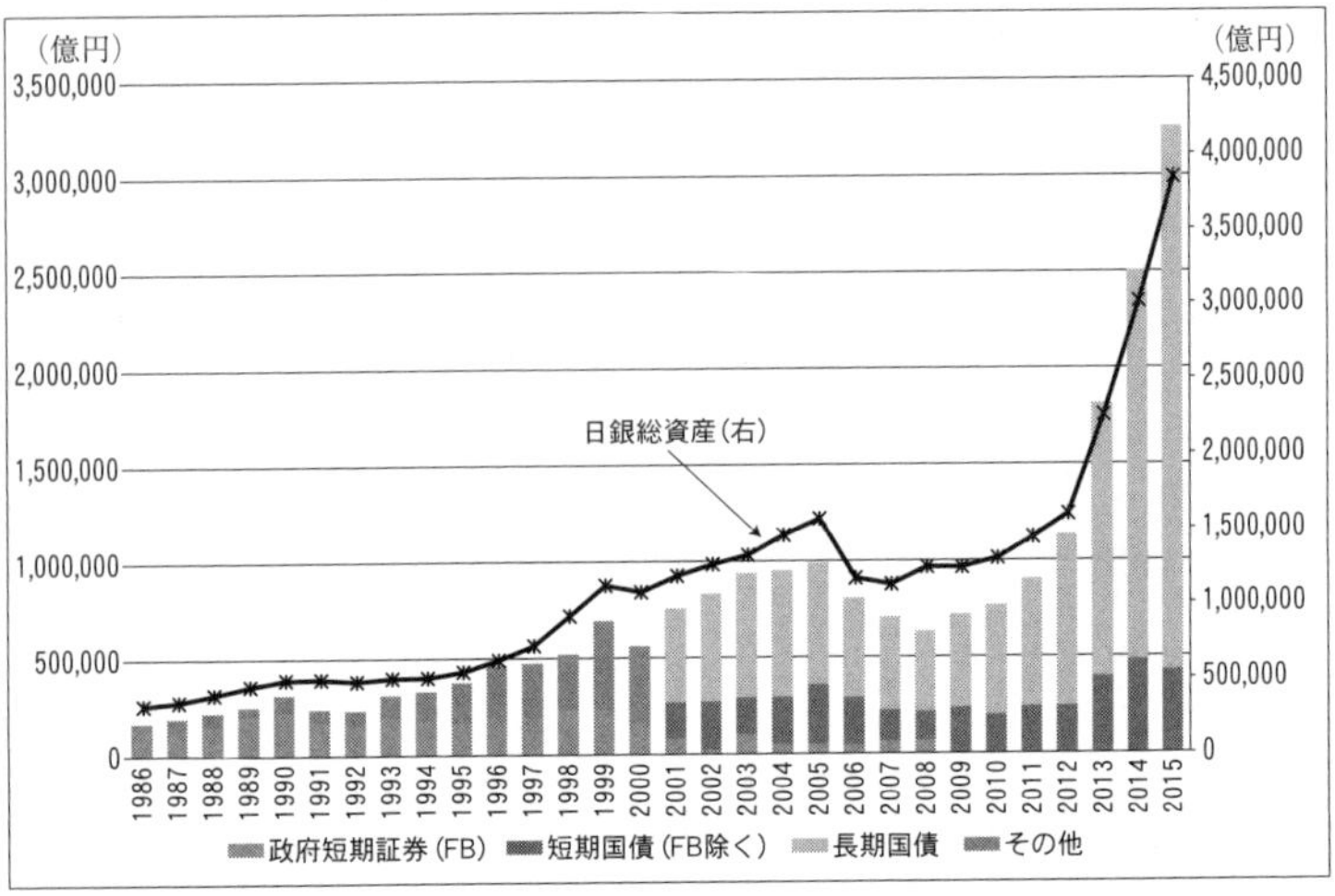

（出所）『日本銀行統計』から作成。

第一に、対法人の銀行貸出が伸び悩み、代替として国債を保有したことである。すでに図表４-４で明らかなように、１９９０年前後までは企業（非金融法人）は資金不足であった。このため、民間銀行は対企業貸出を増やすことができた。もっとも、資金の内容は土地や金融資産の運用が増加していたが、銀行貸出は増加した。しかし、２０００年前後から企業は資金余剰となった。さらに、企業は債務を圧縮し始めた。すでに日銀によるゼロ金利政策が開始されており、預金金利はゼロに近づく一方、借入金利は相対的に高かったから、企業は銀行借入を減少させた。その結果、銀行は国債を有力な運用手段として選好した。

第二に、国債はＢＩＳ規制上も、リスクフリー（リスクなし）とされており、ＢＩＳ自己資本比率規制のうえでも、選好された。ＢＩＳの自己資本比率規制では、分母の自己資本にリスクウエイトを乗じる。この場合、民間企業向け貸出はリスクウエイト100％となるが、国債はリスクウエイト0％となる計算式であった。したがって民間銀行としては、企業貸出を増やすほど自己資本は低下しやすく、国債を保有するほど自己資本は上昇しやすくなった。地方公共団体向け貸出が増加したことも、同様の背景である。

第三に、第5章で論じるように、国債がレポ取引など金融取引の担保として重視され、銀行は国債を一定量保有することが不可欠となった。我が国の短期金融市場で、レポ市場（国債等を担保として、一時的に資金を調達する、または資金を運用する市場、詳細は次章）は最も大きな市場となっていて、信託銀行等はレポ市場の重要な参加者となっている。このため、銀行は一定の国債保有が必要となっている。

民間銀行とならび、財政投融資やゆうちょなど公的金融が国債保有で大きなシェアを有してきた。財政投融資など公的資金が国債保有で果たしてきた役割は大きい。2001年度に財政投融資改革が実施されたが、同年度に財政融資資金（旧資金運用部資金）による国債保有シェアは16・2％もあった。また、旧郵貯や簡保など公的金融機関による国債保有も大きく、財政投融資改革直後の2003年度でも、20・5％の保有シェアがあった。そもそも、郵貯は国営銀行であったから、その預貯金は国にとっては債務となる。しかし、郵貯＝公的債務という認識は薄く、郵貯で国債を保有することの問題も意識されていなかった。

Ⅶ　日銀による量的・質的金融緩和

国債膨張の最後の要因が、日銀である。もともと日銀は政府の銀行としての性格が強い。現在は、新日銀法で、政府に対する日銀の独立性は強化されたという評価もあるが、筆者は疑問である。アベノミクスで消費者物価2％という目標が設定され、その最も忠実な執行機関になっている。第7章で論じるように、現在の日銀トレードと呼ばれる買い切りオペは、新発国債も対象としており、国債の日銀引受と実質変わらない。

図表4-6が、日銀の国債保有額（縦の棒グラフ）と日銀の総資産額である。日銀の国債保有は、1980年代には政府短期証券が中心であった。本来、中央銀行の金融政策は、短期金融市場における短期金利の調整が中心であるから、政府短期証券が中心であることは自然である。しかし1980年代にも、すでに「その他」に長期国債が計上されていたと見られる。1999年にゼロ金利政策が開始され、買い切りオペが強化された。ただ当時は、まだ国債保有額は70兆円程度であったし、日銀総資産も111兆円台であった。しかし、2002年には重要な改革が実施され、1967年に日銀オペが開始されて以来、とられてきた「1年ルール（発行後1年以内のものをオペ対象から除く）」を緩和した。そして、「直近2銘柄を除く」に変更した。2006年に最初の量的緩和が解除され、日銀の国債保有はいったん後景に退いた。しかし2009~2012年においても、日銀の国債保有

額は増加していた。量的緩和が復活し、日銀の買い切りオペは増加した。しかし、この時期では、まだ「日銀券ルール（国債保有額を日銀券残高以下とする）」もあり、２０１６年現在に比べると、抑制されていた。しかし、２０１３年に黒田総裁が就任し、量的・質的金融緩和が開始されると、国債保有額は急増した。「日銀券ルール」や「直近2銘柄を除く」といった、ブレーキもすべて外された。国債保有額は約３２０兆円に達し、日銀の総資産は３８３兆円に膨張した。第7章で、日銀が損失を抱えながら、国債を買い支えていることを検討する。

Ⅷ　まとめに代えて

以上で見てきたが、国債膨張が可能になった要因としては、財政法第四条に基づく四条国債の拡大解釈、60年償還ルールと特例国債への拡大適用、国債整理基金特別会計と借換国債、長期金利と傾向的低下（ゼロ金利、マイナス金利）、民間銀行および公的金融による国債保有、日銀による買い切りオペであった。これらの要因が独立しているのではなく、相互に影響しあって、国債を膨張させてきたと言える。

（注）

（１）加藤三郎、『昭和財政史～終戦から講和まで～　11政府債務』、大蔵省財政史室編、東洋経済新報社、昭和58年、５８６～６１９ページ。

（2）岩波一寛、「公債政策と財政法第４条」、『経済学論纂』、中央大学、第32巻第１・２合併号、１９９1年3月。
（3）岩波一寛、「公信用依存に回帰する財政運営」、同、第33巻第６号、１９９３年2月。同論文は、Ｇ・コルムによる経費の生産性論を紹介し、①自己償還的、②財政的生産性、③経済的生産性があり、四条国債を建設国債とするならば、①自己償還性が重要と指摘した。
（4）浅羽隆史、「ドイツの公債発行におけるグローバル・ルールと国内ルール」、『グローバル化財政の新展開』、２０１０年、中央大学出版部。
（5）https://www.mof.go.jp/about_mof/councils/fiscal_system_council/sub-of_fiscal_system/report/kaigaichyosa2607/06.pdf
もともと、２００９年改正前に、第一一五条には「経済全体の均衡の攪乱を防止するためのものは例外」として公債発行を認める規定があった。しかし、この規定は２００９年改正後、自然災害等に限定され、議会で過半数の議決が必要なこと、この議決には弁済計画を付すこと、になった。
（6）Bundesrepublik Deutschland, Finanzagentur（2015）.
（7）吉田博光、「国債管理政策の根幹を問い直す」、『経済のプリズム』、参議院調査室、74号、２００９年12月参照。
（8）注７に同じ。
（9）須藤時仁、「減債基金は機能しているのか？」、『証券レビュー』、第54巻第12号、２０１４年。
（10）注７に同じ。
（11）加藤一郎、「財政危機と公共事業」、『現代財政危機と公信用』、中央大学経済研究所編、中央大学出版部、71～92ページ。
（12）鈴木武雄、『日本公債論』、金融財政事情、１９６５年、28ページ。
（13）中島将隆、『日本の国債管理政策』、東洋経済新報社、１９７７年、１８２ページ。（国債整理基金特別会計法は、２００７年に廃案となり、「特別会計に関する法律」となった。）
（14）鈴木武雄、『現代日本財政史』、東大出版会、１９５０年、１７０ページ。
（15）鈴木武雄〔１９６５〕、51ページ。
（16）代田純、『現代イギリス財政論』、勁草書房、１９９９年、17ページ。Report of the Committee on National Debt and Taxation, 1926, UK., p.67.
（17）財務省、『債務管理レポート２０１６』、41ページ。前倒し債発行限度額は議決対象。

第5章　国債レポ市場と流動性の低下

～崩壊の可能性(1)～

Ⅰ　はじめに

第4章で明らかになったように、日本の国債は多様な論理で正当化されつつ膨張してきた。日本の財政赤字は国際的に見ても巨額であり、突出してきたことも明らかである。このため、世界の主要な格付け機関から、日本の国債は低い水準に格付けされている。しかし、問題はここからである。なぜ日本の財政赤字は巨額であり、格付けも低いのに、日本国債は買われ、暴落しなかったのか、ということである。

もちろん、近年、長期金利が上昇し、国債価格が暴落するリスクは潜在的には強まっている。しかし、少なくとも2016年まで長期金利は低下し、国債価格は上昇してきた。第7章で取り上げる日銀の買い切りオペが重要な要因であることは後述する。しかし、日銀以外にも、日本国債が買われてきた要因がある。世界的な金融緩和と資金余剰が続く中で、世界の機関投資家（年金、保険、投資信託等）は有力な運用対象を求めているが、その際、市場の流動性が重要な判断基準となっている。国債市場として日本国債は、グローバル標準としての流動性を保持してきた市場である。

日本国債の流動性は、売買回転率等から見て、ドイツのブンド（ドイツ連邦国債10年物）市場などと肩を並べる水準にあった。しかし、日本の国債市場の投資家構成を見ると、債券ディーラーのシェアに偏重してきた。債券ディーラーの売買は、資金調達面から、日本型レポ市場に依存した構造となっている。日本におけるレポ市場は欧米と異なり、独自の形態をとってきたが、レポ市場が債券ディーラーの売買を支え、結果として日本国債の流動性を保持してきたと考えられる。

２０１５年以降、日本の国債市場で流動性は急速に低下し、崩壊するリスクが上昇している。

Ⅱ　低下する日本国債の格付け

日本の財政事情は国際的に見ても、突出して悪い。第1章で見たように、単年度の財政赤字、借換国債額を含む資金調達必要額、財政赤字累積額（国債残高）のいずれの指標でも日本は悪化し、主要国では最悪である。

債券の格付けは、元利償還の確実性、あるいは安全性を示す。したがって、国債の場合には、財政事情が悪化して利払いが懸念される、元本償還が懸念されると、格付けは低下する。国際的な格付け機関として、ムーディース（Moody's）、スタンダード&プアーズ（S&P）、フィッチ（Fitch）の3つがある。2016年現在、これら3つの格付け機関から、最高位のAAA（トリプルA）を共通して取得している国債は、ドイツとカナダだけである。アメリカはS&PがAA+、イギリスはS&PだけがAAAである。

日本国債の格付けは、ムーディースが現在A1（シングルAワン）であるが、1998年まではAAA、2000年まではAA1（ダブルAワン）で、それ以来低下してきた。S&Pによる格付けも現在A+（シングルAプラス）であるが、やはり2001年まではAAAで、引下げられてきた。フィッチによる日本国債の格付けは、現在一段階低いA（シングルA）であり、2000年まではAAAであったが、引き下げられてきた。このように、日本国債は主要格付け機関によって、2000年前後までは最高位であったが、引下げられ続けてきた。

S&Pの場合、日本国債の格付けであるA+と同水準の国債は、アイルランド、イスラエル、スロバキア、バーミューダ等である。2ランク下のA－（Aマイナス）になると、ペルー、ポーランド、ボツワナ、ラトビア、リトアニア等がならび、国際金融市場で起債する場合、金利の上乗せが大きくなることが多い。

日本国債のAプラスという格付け水準は、国際的な優良機関投資家（主要国の公的年金等）からは、内部ルール等により、購入できる最低ランクに近いと見られる。ギリシャが債務危機に陥り、ギリシャ国債は欧州中央銀行（ECB）のレポオペ（債券担保の資金供給オペ）等で2012年2月に適格担保から除外された。当時、ギリシャ国債の格付けはＡ（シングルＡ）からＢＢＢ（トリプルＢ）以下に格下げされる前後であった。今でも、ＥＣＢは適格担保等の基準として、ＢＢＢ以上とすることが多い。こうした動向からも、国際金融市場では、Ａ（シングルＡ）は適格性の最低水準に近いと見られる。

Ⅲ　日本国債の流動性

以上、日本国債は格付けから見て、購入できる最低水準に近い。しかし、海外投資家を含み、日本国債は購入され、価格は上昇してきた。格付けからすれば、日本国債の利回りが極めて低いこと等は説明できない。海外投資家等は格付けとは異なる別の基準も含み、国債市場で売買している可能性が高い。そのひとつが、市場の流動性である。

図表5-1は、日本の国債売買代金と売買回転率を示している。日本の国債流通市場は業者間（店頭）市場で、取引所市場ではない。ドイツでも国債流通市場は業者間市場で、一部で取引所取引もあるが、極めて限定されている。イギリスでは国債取引は取引所取引であるが、ロンドン証券取引所の取引所取引自体が緩和されており、実態的には業者間取引に近い。日本の国債取引は業者間市場で、日本証券業協会によって集計されており、図表5-1は同協会の統計による。２００４年度以降で、売買代金が最高であったのは２００７年度で、約1京２３２３兆円であった。その後、売買代金は漸

図表 5-1　国債売買代金と売買回転率

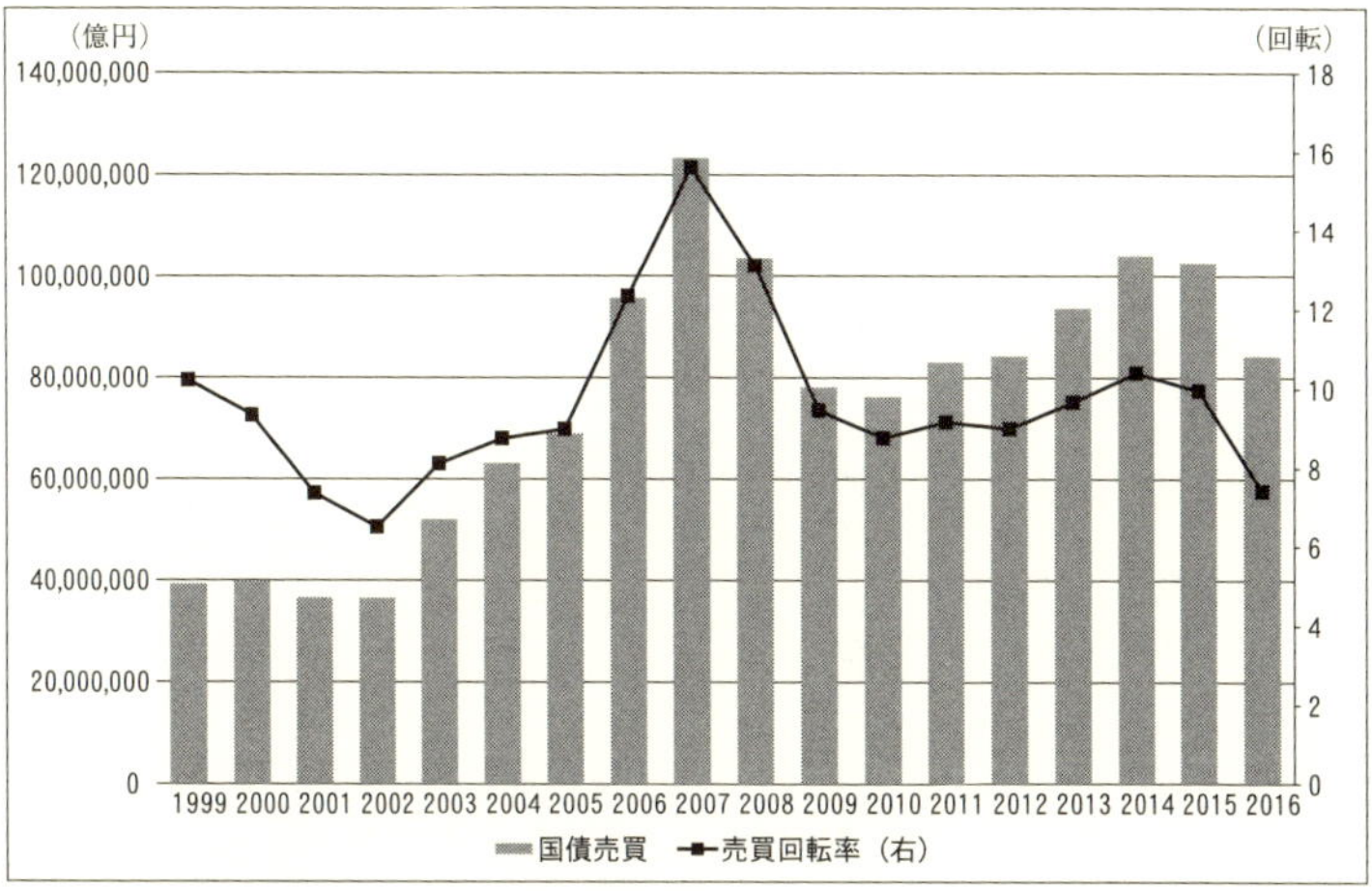

（注）　2016 年度は 4 ～ 6 月を年度換算。現先取引を含む。
（出所）　日本証券業協会ホームページ、および参議院予算委員会調査室、『財政関係資料集』から作成。

次的に減少し、２０１０年度には約７６２０兆円まで減少した。２０１４年度にかけ回復したが、２０１６年４～６月を年度換算すると、約８４２０兆円であり、減少している。

市場の流動性を計測する方法は複数ある。ビッド（買値）とアスク（売値）の値幅（スプレッド）で、流動性を計測することもある。しかし、ここでは最も算出しやすい流動性指標として、売買回転率を用いる。売買回転率＝売買代金÷残高であり、売買代金には証券業協会の統計、残高には財務省の統計（内国債と政府短期証券の合計、借入金を除く）を使用する。これで算出した売買回転率を図表５-１が示しており、２００７年度に15・6回転（１５６０％）前後で、２０１５年度には10回転程度まで低下した。さらに２０１６年度には７・４回転前後まで低下した。これを別とすれば、日本の売買回転率は10程度あり、ドイツのブンド（連邦国債10年物）市場と比較しても、遜色ない水準であった。後述するように、ドイツ国債の売買回転率も３～４程度である。しかし、日本の売買代金がダブルカウントされており、売買回転率も２倍にかさ上げされている可能性がある。すなわち、投資家Ａと投資家Ｂで、１００の取引があった場合、Ａが１００、Ｂが１００だから、２００の取引とカウントすることである。債券ディーラー間の売買は、少なくとも、二重計上されている。ただしドイツの場合も、すべての取引をカウントする。ドイツとの相違としては、ドイツではレポ取引が国債売買代金に含まれないが、日本の場合、レポ取引が含まれ、しかもレポの比率が高いことである。ドイツではレポを除いて売買回転率は４程度ある。しかし日本ではレポを除くと、売買回転率は２程度（２０１６年）まで低下している。

Ⅳ　国債流通市場の構造

日本の国債流通市場は、大きく３つに区分されると言う。[1]①ディーラー間取引、②ディーラーの対顧客取引、③国債入札や日銀の買入れオペ等、である。ディーラーとは、証券会社や金融機関の債券ディーラーであり、自己勘定で売買するものである。ただし、証券会社に属するディーラーが中心と見られる。ディーラー間市場は、電子プラットフォームでの取引が普及しており、店頭取引であっても、取引は迅速である。次に、顧客とは銀行、信託銀行、投資信託、海外投資家等といった投

図表 5-2　国債流通市場のシェア

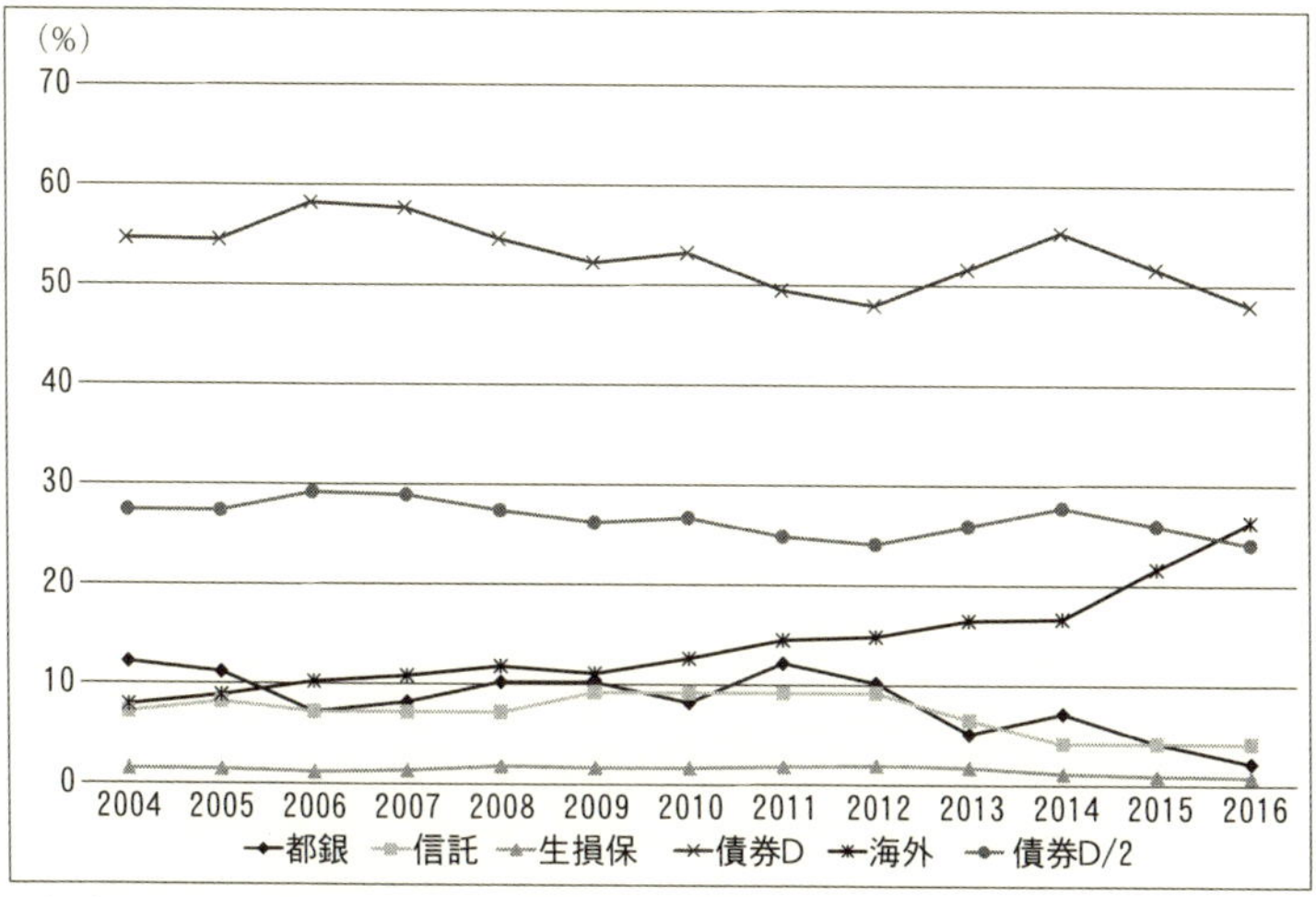

（注）　シェア＝年間（年度）買付額÷合計買付額。2016 年度は 4 ～ 6 月を年換算、現先を除く。
（出所）　日本証券業協会ホームページから作成。

資家である。顧客との取引では、例えば信託銀行の場合、最良執行義務（最も良い条件で取引する義務）があり、電話取引で複数の価格を比較する必要があり、一部で電話（ボイス）取引が残っている。また日本証券業協会の統計には、「その他」の区分があり、日本銀行、政府、地方公共団体、官公庁、政府関係機関、ゆうちょ、かんぽがここに含まれる。このため、国債が公募入札で発行されると、日銀経由なので、「その他」の売却にカウントされる。また日銀の売買オペも「その他」の売買になる。「その他」については、顧客からは除外されている。

図表5-2が国債流通市場における投資区分別のシェアを示している。このデータは図表5-1と異なり、現先を除く一般取

引のみが対象となっている。ディーラー間取引は、図表5-2で「債券ディーラー」の区分となるが、2004年から2016年にかけて、ほぼ50～58％のシェアを占めている。債券ディーラーのシェアが最高水準だった時期は、2006年であり、58％であった。その後、やや低下したものの、50％前後の水準を維持してきた。

ディーラー間取引であるが、ディーラーAの「売り」とディーラーBの「買い」がともに報告され、二重計上との指摘もある。そこで日本証券業協会のディーラーとしての売買代金を2で割っても、25～30％近いシェアを占める。ディーラーによる売買は大きく、ディーラー間取引が国債現物流通市場の主要部分を占めている。しかし、2016年に債券ディーラーと海外投資家のシェアが、入れ替わっていることは注目される。

次にディーラーの対顧客取引であるが、図表5-2で見ると、都銀、信託、生損保、海外などのシェアが該当する。海外投資家を除く、都銀、信託、生損保など国内投資家のシェアはもともと高くないが、2013年以降一層低下している。

都銀のシェアは2004～2012年度には、概ね10％程度のシェアであった。しかし2013年度には約5％に低下し、2015年度には4％まで低下した。都銀は国債保有額を近年急速に減らしてきたが、同時に売買も減らしてきた。信託銀行は2004～2012年度に7～9％のシェアであったが、2013年度に6％台へ低下し、2014年度以降4％台へ低下した。生損保はもともと1％台のシェアであったが、2014年度以降は1％未満に低下した。アベノミクスにより、201

3年度から円安になり、外債投資を増やしたことも影響している。結局、都銀などの国内投資家（顧客）はもともと国債売買におけるシェアは高くなかったが、アベノミクスが開始されて、一段と低下した。都銀、信託、生損保の場合、国債については満期保有する比率が高く、利回り重視となる。このため、ゼロ金利、あるいはマイナス金利では保有するインセンティブが減少する。

他方、相対的に海外投資家による国債売買におけるシェアは上昇している。もともと、日本において非居住者による国債売買は割引国庫債券など短期物が中心であった。[2] 現在でも短期中心は変わっていないが、漸次的ながら長期国債の売買が増加している。海外投資家が従来、短期中心であったことは、日本株への投資資金等の一時的な待避場所として短期国債で運用していたことが想定される。[3]

図表5-2において、海外投資家のシェアは2004～2005年度には7～8％台であったが、2010年度前後に12％台へ上昇し、2015年度には21％台、2016年度には26％台へ上昇している。国内投資家と異なり、海外投資家の売買におけるシェアは急速に上昇している。海外投資家の場合、保有シェアで見ると10％未満であるが、売買シェアで見ると30％に近づいている。海外投資家は短期売買が中心で、キャピタルゲインを志向しており、長期保有により利回りを求めているわけではないことを暗示している。一般に低クーポンの債券では価格変動リスクは高くなる。クーポンが低ければ、利回りの変化は債券価格の変化によってもたらされるからである。したがって、現在の日本国債のように0･5％以下のクーポンであれば、価格変動性は高くなり、キャピタルゲイン志向の投資家には適合的な面がある。

また、指摘したように、日本の国債流通市場が一定の流動性を持ってきたことも、海外投資家には大きい。また後述するように、国債先物市場が整備され、先物では一段と流動性が高いため、先物を売買するうえで、現物も一定売買する必要（裁定取引等）があるだろう。この他、海外投資家にとって、国債市場の流動性向上には、税制面で海外投資家に源泉徴収が廃止されたこと、レポ市場が整備されたこと、決済期間が短縮化されてきたこと、等々が影響している。

海外投資家からすると、２０１５年夏以降のように、アメリカの利上げが予想され、しかも中国経済の悪化が懸念されている場合、株式投資の受け皿として、グローバルな債券市場は必要不可欠である。海外投資家が株式を売却した場合、その資金は通常債券市場に流入する。グローバルな債券投資には、市場規模（残高）や流動性が不可欠な要因となる。しかも、地域分散（アセットアロケーションの観点）も考慮すると、アジアでは必然的に日本の債券市場となる。日本の財政事情が悪い、日本国債の利回りが低い、日本国債の格付けが低下した、こうした要因とは別の要因から海外投資家は日本の国債市場に参入している。

以上、日本の国債市場におけるシェアを見ると、海外投資家を除くと、債券ディーラーのシェアが突出して高いことがわかる。債券ディーラーが売買することで、市場の流動性が維持され、その流動性を求めて海外投資家が参入してきたと理解できる。

V　日本国債の保有構造と債券ディーラー

図表5-2で確認したように、日本の国債売買の過半は債券ディーラーによるものであった。この債券ディーラーとは、証券業協会の区分表で、「報告会社以外の証券会社ディーラー（外国証券を含む）、報告会社以外の金融機関ディーラー」(4)とされる。実態としては、証券会社の自己売買部門である。日本の国債市場の流動性は、債券ディーラーによって支えられてきたと言って過言ではない。しかし、ストックベースとも言える、国債保有構造を見ると、自己売買部門を含む証券会社のシェアは2％程度で、極めてわずかである。フローベース（売買代金）では50％のシェアを占める債券ディーラー（証券会社）であるが、ストックベース（保有構造）では2％程度に過ぎない。以下、この問題を検討するが、まず保有構造を確認しておく。

図表5-3は国債保有構造を示す。日本の国債保有構造の歴史的特質としては、広義の公的部門の比率が高いことであった。広義の公的部門とは、財政融資資金（旧財政投融資）、郵貯、簡保、公的年金等である。財政融資資金（旧財政投融資資金運用部資金）のシェアは1999年度には21・8％あったが、2015年度にはゼロまで減少した。公的年金のシェアは2008年における10・1％を頂点として、2015年には4・9％まで低下している。周知のように、公的年金の株式組み入れ比率引き上げという問題があり、公的年金の運用を担うGPIF（年金積立金管理運用独立法人）は国

図表 5-3　国債保有構造

（%）

	1999	2000	2001	2002	2003	2004	2005	2006	2007
財政融資資金	21.8	18.9	15.1	12.2	9.4	7.6	5.9	4.5	2.5
郵便貯金（ゆうちょ）	7.8	6.4	11.5	14.2	15.4	17.1	18.9	18.9	19.5
簡易保険（かんぽ）	7.2	7.2	8.5	9.1	8.8	8.6	8.6	8.4	8.6
公的年金	2.8	2.5	5.5	6.5	8	9	9.2	8.8	9.8
日本銀行	11.9	11.6	14.9	14.8	14.6	14.3	13	9.9	8.5
国内銀行	13.7	15.6	11.6	17.8	19.5	17.4	17.1	22.9	23.5
民間生保	5.6	5.3	5.1	8.3	8.1	8.5	8.7	16.5	16.6
証券投資信託	2.6	2.9	1.6	5.9	4.7	4.8	3.2	—	—
海外	5.1	6	3.6	3.4	3.6	4.1	4.5	5.9	7.4
証券会社	0.4	1.7	1.8	—	—	—	—	—	2.7
家計	1.8	2.5	2.6	2.4	2.6	3.4	4.2	4.3	4.5
民間非営利	2	0.9	1.2	1.5	1.2	1.5	1.9	0.9	0.8
年金基金	—	—	—	—	—	—	—	3.4	3.4
合計（億円）	3,666,779	4,089,731	4,692,056	5,387,000	5,695,000	6,419,000	6,667,000	7,744,805	8,025,961

	2008	2009	2010	2011	2012	2013	2014	2015
財政融資資金	1.1	0.2	0.1	0.1	0.5	0.1	0.3	0
郵便貯金（ゆうちょ）	19.5	18.8	16.7	15.8	14.3	12.7	10.3	7.8
簡易保険（かんぽ）	8.8	8.1	7.3	6.5	5.8	5.3	4.6	4.2
公的年金	10.1	9.2	8.3	7.5	7.1	6.7	5.2	4.9
日本銀行	8.2	8.9	9	9.7	13.2	20.2	26.5	33.9
国内銀行	25.4	28.6	29.5	30	28	23.6	21.3	17.8
民間生保	17.9	18.5	18.4	19.2	19.9	19.6	19.3	19.8
証券投資信託	1.2	1.4	1.3	1.2	0.9	1.3	1.3	1.1
海外	7	5.6	7.1	8.3	8.5	8.2	9.4	10.2
証券会社	2.2	2.6	2.5	2.3	2.7	2.1	2.4	2.4
家計	4.5	4.1	3.6	3	2.5	2.1	1.6	1.3
民間非営利	1.1	1.2	1.4	1.7	1.1	1.4	1	0.9
年金基金	3.2	3.4	3.2	3.2	3.4	3.5	3.4	3.2
合計（億円）	7,962,083	8,306,362	8,762,267	9,200,930	9,695,179	9,956,632	10,380,198	10,749,924

（注）　2005 年度までは FB を含まないが、2006 年度以降含む。—は不明。
（出所）　財務省『債務管理レポート』各年版等から作成。

債の組み入れ比率を下げ、株式を増やしている。公的年金の運用資産残高は2015年6月には141兆円に達しているが、うち国内債券は37・95％まで低下した。ゆうちょ銀行のシェアも低下している。ゆうちょ銀行のシェアは2007〜2008年における19・5％をピークとして、2015年には7・8％まで低下した。代わって、「預け金等」やコールでの運用が増加している。財政投融資改革以降、運用規制のため国債保有が増加したが、現在は減らしている。

他方で、民間銀行のシェアは2011年度における30％をピークに、急速に低下している。民間銀行のシェアは2015年度には17・8％と、4年間で12ポイント以上も低下している。民間銀行が急速に国債保有額を減少させている要因は複数考えられるが、最も影響している直接的な要因は、日銀買い切りオペである。日銀が新発国債を大幅に超える金額を買い取っており、民間銀行は大幅に売り越している。次に、BIS規制（バーゼルⅢ）の影響がある。バーゼルⅢはまだ最終決定されていないが、国債保有についても銀行の自己資本に算入する構想が、米国やドイツから主張されている。(5)国債保有の一部が自己資本に算入されれば、自己資本比率の低下要因になるので、日本やフランスなど、銀行の国債保有額が大きい国は警戒している。

公的年金、ゆうちょ銀行、民間銀行が国債保有を減少させている一方で、日銀が買い切りオペにより急速に保有シェアを上昇させている。日銀のシェアは2010年度には9％であったが、2015年度には33・9％まで上昇した。アベノミクスによるマネタリーベース増加で、国債買い切りオペが加速してきた。そして日銀ほど急速ではないにせよ、海外投資家の国債保有シェアも漸次的に上昇している。為替スワップのコスト（金利）が低下しており、海外投資家による日本国債売買を後押しする一因と見られる。為替スワップのコストはＬＩＢＯＲ（ロンドン銀行間金利）のドル金利と円金利が基本であるが、邦銀などのドル資金ニーズが強いため、海外投資家は有利な低いコストで、円の調達が可能である。(6) ２０１５年10月現在、ＬＩＢＯＲでドル金利は０．５％台であるが、円金利は０．１％台（いずれも６か月物）であり、海外からの円調達コストは低くなっている。

以上で国債保有構造を外観したが、証券会社の保有シェアはごくわずかである。２０００年度前後で１％台となっていた。また日銀の資金循環統計（２０１５年年末）によると、証券会社の国債保有は26兆円で、これを図表５-３に当てはめると２．４％となる。保有構造では１～２％のシェアしか持たない証券会社が、売買構造では約50％（二重計上を勘案しても25～30％）のシェアを有してきた。これは、債券ディーラー（証券会社）がストックベースではわずかな金額であるが、フローベースで頻繁に売買してきたことを意味する。

Ⅵ　日本の国債現先取引

債券ディーラー（証券会社）が国債流通市場で頻繁に売買し、国債市場の流動性を高めることができるのは、レポ市場によって資金繰りや国債の調達が可能になっているからである。以下、レポ市場について検討する。

日本のレポ市場は売買形式の現先取引（反対売買の条件付き売買）と、貸借形式の現金担保付債券貸借取引（現金を担保として、国債を借りる）が並存してきた。ドイツなど海外では、レポ取引と言えば、現先取引を指す。しかし、我が国では従来、売買形式の現先取引はあまり拡大せず、貸借形式の現金担保付債券貸借取引が中心になって市場拡大してきた。こうした構造になった最大の背景は、かつて存在した有価証券取引税の影響である。(7) 売買形式だと課税対象になるため、貸借形式に偏ったのである。現金担保付債券貸借取引中心のレポ市場は日本独自の特質である。

レポ取引は、現金担保付債券貸借取引と現先取引に区分できるが、別の基準で、GCレポとSCレポに区分できる。GC（General Collateral）は一般担保によるレポ取引であり、担保の国債の銘柄を問わないものである。GCレポでは、主眼は資金調達・運用にあると言われている。他方で、SC（Special Collateral）は特定担保による取引であり、担保の国債の銘柄が指定される。SCレポでは、主眼は特定銘柄の債券を借用することで、債券取引を決済することに主眼があると言われる。すなわち、現物債券市場で空売りした場合等、決済のために特定銘柄の債券が必要となるので、そのために特定銘柄の国債を調達することになる。ドイツなど海外では、レポ取引とは別に、証券貸付（Securities Lending）取引市場が形成されており、空売りした場合に、証券貸付市場から借用する。しかし日本では、証券貸付市場が発達してこなかったため、債券取引を中心として、SCレポ取引が活用されている。レポ市場全体における、GCレポとSCレポの構成は、概ね半々となっており、それぞれにニーズがある。(8)

図表 5-4　国債現先取引額と証券会社

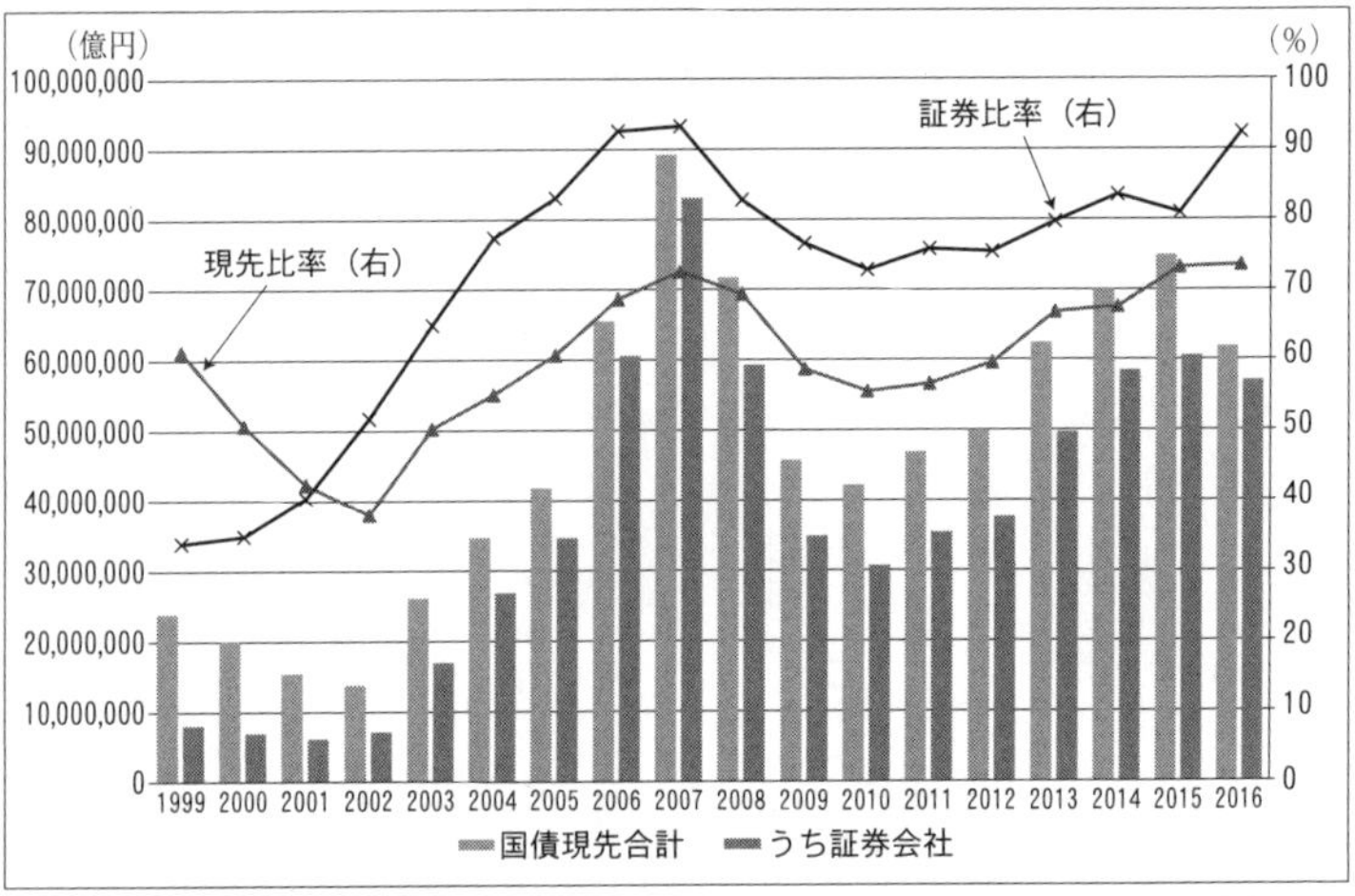

（注）　現先比率＝国債現先合計÷国債合計、証券比率＝国債現先（証券会社）÷国債現先。

（出所）　日本証券業協会ホームページから作成。

図表５-４は、国債現先取引額を示している。一定期間後の反対売買を伴う、売買形式であるから、国債をまず売る側は、資金調達することに主眼がある。他方で、国債を当初買う側は、国債を一時買うものの、資金を運用することに主眼がある。一定期間後、売り手は、金利分を上乗せして、国債を買い戻す。他方、買い手は、金利分を上乗せして、資金を回収する。

図表５-４で、国債現先売買代金、うち証券会社による売買代金、現先比率＝国債現先売買代金÷国債売買代金、証券比率＝国債現先売買代金（証券会社分）÷国債現先売買代金である。まず現先比率によって、国債売買代金の50～70％程度が現先による売買であることがわかる。現先比率は２００２年度に37・9％であったが、２０１５年度以降は

73%に達している。ただし、現先取引については、取引の性格上、実質1回の現先取引が4回とカウントされる可能性がある。最初の売り手と買い手の100の取引が200とカウントされ、反対売買による買い戻しと売り戻しで100の取引が200とカウントされ、400となる可能性である。したがって、少なくとも現先の売買代金を2で割ると、国債取引の25～35%程度が現先ということになる。国債取引全体の3割前後が現先取引と見ることが妥当であろう。

ついで、現先に占める証券会社の比率であるが、1999年度には33%であったが、2006～2007年度に90%台へ上昇し、2010～2012年度に70%台へ低下したものの、近年は再び80～90%台へ上昇している。すなわち、現先についてはほとんどが証券会社による取引と言っても過言ではないだろう。

図表5-2は、国債流通市場で、現先取引を除く、一般取引でのシェアであった。一般取引で債券ディーラー（証券会社の自己売買）は50%以上のシェアを占めていた。さらに現先に関し、証券会社は70～90%のシェアを占めており、国債流通市場全体においてもシェアは極めて高いと言える。ただし、このことは逆説的には、都銀などの最終投資家が売買を手控えているため、とも言えよう。

では、証券会社は現先取引をいかに活用しているのか。この問題で手がかりとなるデータが、公社債投資家別条件付売買（現先）月末残高である。このデータは、残高ベースで、取引額を投資家別に集計したものである。国債以外の債券も含まれるが、2016年7月の公社債売買額合計740兆6732億円のうち、734兆4296億円が国債であるので、公社債現先残高も実質的に国債現先残高と考えられる。また現先の買い残（当初の買いの後、条件付きの売り戻し前）と売り残（当初の売りの後、条件付きの買戻し前）は合計額では一致することになる。この内訳を見ると、主要な特徴が2点ある。第1には、買い残において、海外投資家が中心となっている。買い残は、売り戻す条件付きで、国債を購入し、資金を貸し付けるので、資金運用である。海外投資家による現先の買い残は急増しており、２０１４年度末には20兆８６３４億円となった。同年度末における売買残高合計は約35兆円であり、買い残では海外投資家が60％程度のシェアを有する。海外投資家が国債現先の買い残で高いシェアを有する背景については、為替スワップとの関連が考えられる。すなわち、ドルから円へ転する場合には、プラスの利回りが形成されているため、ドルから円に転換して、転換した円資金の運用として、短期の現先取引を利用することで、高い利回りとなる。

第2の特徴が、売り残において、債券ディーラーのシェアが高いことである。売り残は、国債を保有していて、国債を売却し、資金調達することを意味する。債券ディーラーは国債流通市場（現先以外の一般取引、図表5-2）で高いシェアを有していたが、国債を流通市場で購入し、その国債を現先で売却し、資金を調達している可能性が高い。債券ディーラーは、２０１０年度には7兆８６３２億円の売り残であったが、２０１４年度には25兆７８６０億円まで増加した。２０１４年度に現先の売買残高合計は約35兆円であったから、債券ディーラーの売り残は73％程度のシェアを意味する。売り残はほとんどが債券ディーラー（証券会社）で、買い残の多くは海外投資家である。国債現先市場で、証券会社は購入した国債を担保に資金調達し、海外投資家は資金を運用している。証券会社は現先市場で資金調達が可能であるため、国債流通市場で高いシェアを維持し、流動性を保持できている、と言えるであろう。

ただ、今後、懸念される問題として、国際的な潮流として、店頭市場でのレポ（現先）取引が規制されることである。２０１５年以降、バーゼル規制でレポ取引が新しい処置を提案されている。銀行がノンバンク（生保、投信、ヘッジファンド等）にファイナンスを提供する取引で、集中清算機関で取引されず（換言すれば相対＝店頭）、国債以外の証券を担保とする場合、最低へアカットを下回るヘアカットならば、高い自己資本賦課を課す、という内容である。ここで最低へアカットを下回るとは、例えば、10年超の債券で、証券化商品ならば、最低へアカットは７％と規定され、これを６％のヘアカットで担保として受けると、無担保と見なされ、自己資本賦課となる。(9) 現状では、国債以外の取引であるが、店頭市場におけるレポ取引は規制される方向にある。

Ⅶ　現金担保付債券貸借取引

ついで日本独自のレポ取引である現金担保付債券貸借取引についてである。図表5-5は、現金担保付債券貸借取引の取引残高推移を示している。売買形式の現先取引は含んでいない。貸借取引残高は２０１２年くらいまで、概ね80兆円程度で推移してきたが、２０１３年以降増加し、２０１６年１月には１２０兆円を超えた。売買形式の現先取引の残高は概ね20～30兆円（２０１５年現在）であ

図表 5-5　現金担保付債券貸借取引残高

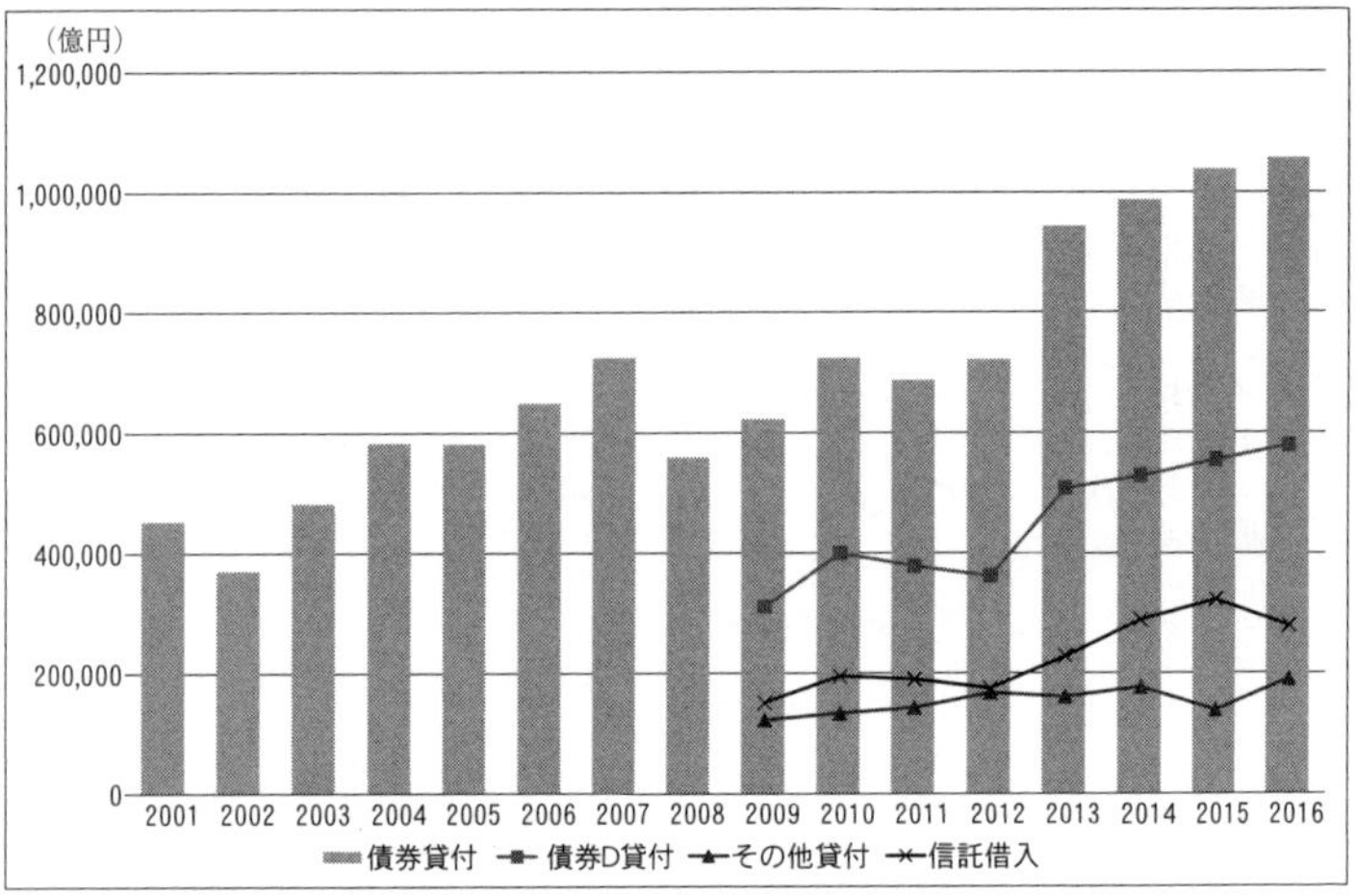

（注）　統計方法の変更のため、2001～2008 年の合計は貸付合計。年末残高ベース。2016 年のみ 6 月末。投資主体別残高は 2009 年より公表。

（出所）　日本証券業協会ホームページから作成。

り、貸借形式の数分の1という規模にある。このため、現金担保付債券貸借取引は、短期金融市場において、最大の構成要因となっている[10]。

現金担保付債券貸借取引が２０１３年度以降も増加している要因としては、国債市場の変動性が強まり、ショートポジション（売りから入る）をとる局面や投資家が増加したことが考えられる。ショートポジションをとった場合、投資家は決済のために、特定銘柄の国債を調達しなければならない。このために投資家は現金担保付債券貸借取引を利用し、現金を担保として拠出し、金利を受け取る一方で、品貸料（手数料）を支払い、特定銘柄を調達する。このため、特定銘柄の品薄状態が強まると、品貸料が上昇し、受け取る金利を上回り、マイナス金利が発生する。

図表 5-6　貸借取引と国債売買の規模比較

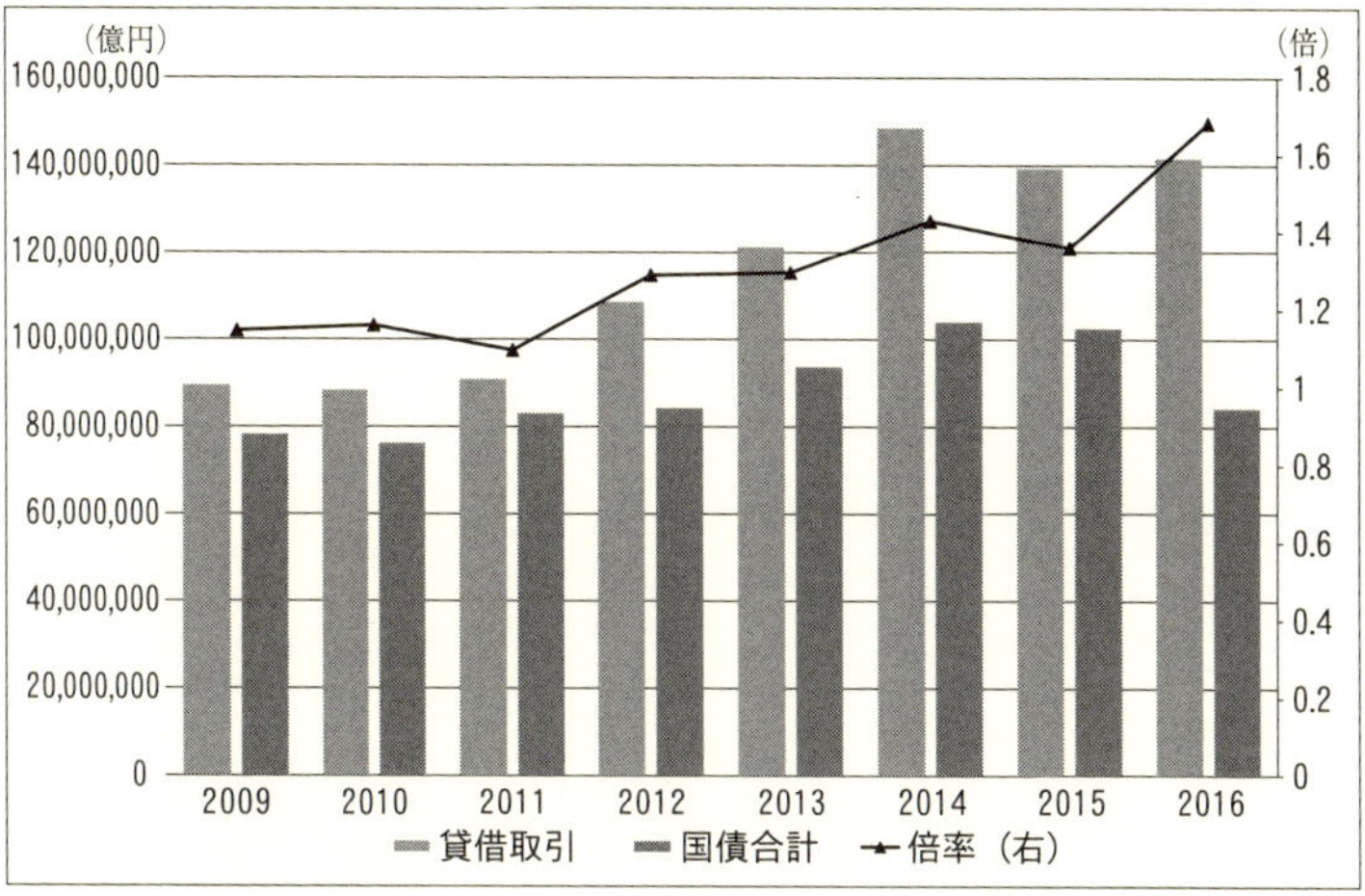

（注）　貸借取引は額面ベース。倍率＝貸借取引約定額÷国債売買代金
（出所）　日本証券業協会ホームページから作成。

この現金担保付債券貸借取引についても、残高ベースで投資主体別内訳が集計されている。これによると、貸付（債券を貸し付け、現金を借り入れる）サイドでは、債券ディーラーが中心である。債券ディーラーの貸付残高は、２００９年度に30兆６７４５億円であったが、２０１６年度（４～６月分を年度換算）には57兆４９０５億円まで、倍増近く伸びている。債券ディーラーは、国債を保有しているが、資金を調達するためもあり、特定銘柄を貸し出して、品貸料を得ていると見られる。ついで貸付サイドで大きな残高を有するのは、「その他」である。「その他」は、日本銀行のほか、ゆうちょ銀行等が含まれている。

他方、借入サイドで大きな残高を有するのは、信託銀行である。信託銀行は貸付サイドにおいても、債券ディーラーやその他に次ぐ存在である。しかし借入サイドで信託の残高は大きく、２０１４年度に28兆４７５４億円、２０１５年度にも31兆８１２０億円に達している。信託銀行も、債券市場で空売りし、貸借取引で特定債券を調達していると見られる。

最後に、図表5-6によって、現金担保付債券貸借市場の規模を確認しておこう。国債の売買代金（現先を含む）は２００９年度に７８１３兆円で、貸借取引の約定額（売買ではないので、取引の約定額）は８９４１兆円であった。このため、このまま比較すると、貸借取引は国債売買の1・14倍となる。貸借取引は現先取引と異なり、当初の貸しと借り1回分のみを集計している。いずれにせよ、貸借取引は国債流通市場に匹敵する規模に拡大している。

今後の問題として、決済期間短縮化の問題がある。これは従来、日本ではレポ取引の決済がT＋2（2日後決済）であったものが、国際標準に合わせてT＋1（翌日決済）に短縮するものである。貸借取引は、事務処理等の関係で、T＋1に対応できず、今後は現先取引が中心になると言われる。この点は、現状では未知数である。

Ⅷ　まとめに代えて

以上、見てきたように、日本国債の格付けはA（シングルA）まで低下しているが、利回りは低下し、価格は上昇してきた。日銀による買い切りオペが主要な要因であるが、日本国債の流通市場には一定の流動性があり、海外投資家等が売買しやすいことも一因と見られる。日本国債の流動性は、債券ディーラー（証券会社の自己売買部門）によって支えられてきたと言って過言ではない。債券ディーラーは、国債保有構造面では1～2％のシェアしか持たないが、国債流通市場では50％程度のシェアを占めている。こうした債券ディーラーの頻繁な売買を支えているのが、レポ市場における資金調達である。レポ市場は、現先市場と現金担保付債券貸借取引から成るが、双方の市場で債券ディーラーは国債を活用して資金調達している。レポ市場と債券ディーラーが、日本国債の流動性を保持してきたと言えよう。

しかし、日本の国債売買代金はレポ取引を除くと、大幅に減少する。レポ取引を除く、国債売買代金の売買回転率は、２０１６年に2程度まで低下している。従来、日本の国債取引を支えてきた一因が流動性にあったとすると、その重要な要因が侵食されていることになる。

（注）

（1）日本銀行、「国債市場の流動性：取引データによる検証」、日本銀行ワーキングペーパーシリーズ、２０１５年3月参照。

（2）代田純、『ユーロ不安とアベノミクスの限界』、税務経理協会、２０１４年、１３９～１４０ページを参照されたい。

（3）勝田佳裕、「金融危機と国債流通市場」、代田純編著、『金融危機と証券市場の再生』、同文館出版、２０１０年を参照されたい。

（4）http://www.jsda.or.jp/shiryo/toukei/toushika/files/tkb_3.pdf

（5）中空　麻奈、パリバ証券、「金融規制の直近のテーマとそれによる金融機関経営への影響に関する考察」参照。銀行の国債保有が自己資本に賦課される場合、最大損失額の12・5倍が賦課されるため、メガバンクでは数千億円から数兆円程度、リスクアセット（自己資本）は増加し、自己資本比率（Tier1）は低下する。これはバーゼルⅢの問題であるが、現在進行形であり、今後決着される。

（６）ＪＰモルガン証券山脇貴史、「円債市場における海外投資家の動向」、財務省債務あり方懇談会提出資料、２０１４年３月４日。

（７）中島将隆、「現先市場の復活と新たな展開—国際標準のレポ市場創設—」、『証券経済研究』、第49号、２００５年３月。

（８）日本銀行、『日銀レビュー』、「レポ市場のさらなる発展に向けて」、２０１５年３月、日本銀行、「我が国短期金融市場の動向」、２０１５年10月。

（９）小立敬、「レポ取引等に対する最低ヘアカット規制の枠組み」、『野村資本市場クオータリー』、2016 Winter。

（10）日本銀行、『日銀レビュー』、「レポ市場のさらなる発展に向けて」、２０１５年３月。

第6章　国債先物市場と海外投資家

～崩壊の可能性(2)～

Ⅰ　はじめに

　本章は国債先物市場を、海外投資家に注目して検討する。近年、国債先物市場の取引高は拡大しており、建玉残高（未決済残高）で見ると、2008年末に4万5508単位であったが、2015年末には9万5509単位まで増加している。こうした国債先物市場の拡大は、国債現物市場にも影響を与えていると推定される。国債先物市場での投資家は、近年では50％前後が海外投資家（非居住者、以下同じ）である。したがって国債先物の価格形成は、海外投資家が主導していると考えられる。国債現物市場が国内投資家を中心として保有されてきたことと対照的である。

　すでに前章まで明らかになったが、国債流通市場で銀行等の投資家（債券ディーラーを除く）による売買が減っており、国債現物の流通市場でも海外投資家の売買シェアが上昇している。結果として、国債現物の価格形成（利回り形成）において、海外投資家の影響力が強まっている。海外投資家は、もともと国債先物の売買では中心的な投資家であった。このため、海外投資家を媒介として、国債現物と国債先物の相関性は高まっている（相関係数は0・8程度）と考えられる。海外投資家と国債先物に注目するのは、国債現物への影響が強まっていると考えるからである[1]。

以下、本章では国債先物市場における投資家動向を検討する。まず国債現物市場に比較して、国債先物市場の売買規模が拡大していることを指摘する。国債先物市場で海外投資家のシェアは決済月には60％程度に達していること、国債先物価格と国債現物利回りは相関性が高いことを指摘する。

2015年3月下旬に0・3％程度であった現物国債利回りは、同6月上旬には0・5％台まで急騰した。同時に、国債先物価格は148円台から146円台まで急落した。ユーロ不安の再燃やアベノミクスへの懐疑等から、海外投資家が4月下旬から5月上旬にかけて、先物を大幅に売り越したこと、また海外投資家のプットオプション買いが証券会社の先物売りをもたらしたためである。こうした先物売りと先物価格低下が、現物国債利回り上昇をもたらした。

こうして国債先物オプションでも、海外投資家のシェアは高い。とりわけプットオプション（売る権利）で海外投資家の買い付けが多く、海外投資家が国債先物の価格低下をヘッジしていることがわかる。海外投資家のプット買い付けは、プットの売り手である証券会社（自己勘定）の先物売りヘッジをもたらす。こうしてオプションも先物経由で、国債現物利回りに影響することを指摘する。

結論として、海外投資家主導の国債先物や国債オプションが、現物国債利回りへの影響を強めており、現物利回り急騰へのリスクを内包している。

Ⅱ　国債先物市場の構造と海外投資家

前章までで見てきたように、国債現物市場で海外投資家の保有シェアは漸次的に上昇し、また流通市場においてもプレゼンスを高めている。国債先物は、２０１５年3月限（ぎり）、6月限、９月限、12月限というように、現時点で将来の国債価格を取引する。３カ月ごとに決済月が設定されており、年間4回となっている。ただし、通常は期近物（最も決済月が近いもの）に売買が集中する傾向にある。国債先物は実在する銘柄ではなく、クーポン（表面利率）６％という仮想の銘柄として取引されている。現在、国債現物の利回りは1％以下といった水準であり、クーポンも極めて低い。しかし国債先物ではクーポン６％とされており（１９８５年の先物市場創設時に決められたため）、先物価格は額面１００円に対し１５０円台近辺にあり、利回りでも1％以下である。また売買単位は1億円となっており、個人投資家の売買は現在ほとんど見られず、証券会社、銀行、海外投資家といったプロの投資家による市場となっている。

国債先物市場での決済は、原則としては、反対売買によるか、現物の受渡となる。すなわち、売りから入った場合、決済日前に買い戻すのであれば、現物受渡の必要はない。しかし、売りから入り、買い戻さないまま決済日を迎えると、本来は、買い方に対し現物を受け渡す必要がある。この場合、

ＪＰＸ（日本取引所）により、受渡適格銘柄が定められている。先物ではクーポンが6％であり、現物（低クーポン）の交換比率は低め（現物国債が多く必要）になる（図表6-4参照）。また受渡適格銘柄の直近銘柄では、日銀の保有比率が90％以上に達している。しかし、先物の現物受渡は少ないため、問題の顕在化には至っていない。

国債先物取引は１９８５年に開始されており、２０１５年でスタートから30年となるが、急速に取引高を拡大しており、現在は国債現物取引に匹敵する規模に達している。図表6-1は、長期国債（10年）現物と長期国債（10年）先物の売買規模、ならびに長期国債先物における海外投資家のシェアである。長期国債現物の売買金額は算出方法を踏まえ、２で割っている（ダブルカウント方式のため）。ただし、現物の売買金額は現先取引を含むものを使用している。このため、図表6-1でも現物と先物はほぼ同じ規模に達しているが、現先取引を除く現物の売買金額を使用すると、先物取引は現物取引の5倍程度に達する。いずれにせよ、国債先物取引は拡大しており、国債現物取引の「派生」というよりも、国債現物に大きな影響を与える存在になっている。

また国債先物取引における海外投資家のシェアは急速に上昇してきた。先物における海外投資家のシェアは、２００３年には25・12％であったが、２０１４年には53・55％まで上昇している。

国債先物取引を月ベースで見ると、海外投資家のシェア（売買代金）は、決済月には60％程度まで上昇している。海外投資家の売買の相方は、ほとんど証券会社（外資系を含む）の自己勘定であり、国債先物市場は海外投資家と証券会社という特定の投資家から成立している。銀行の国債先物におけ

図表 6-1　長期国債の現物と先物、海外投資家シェア

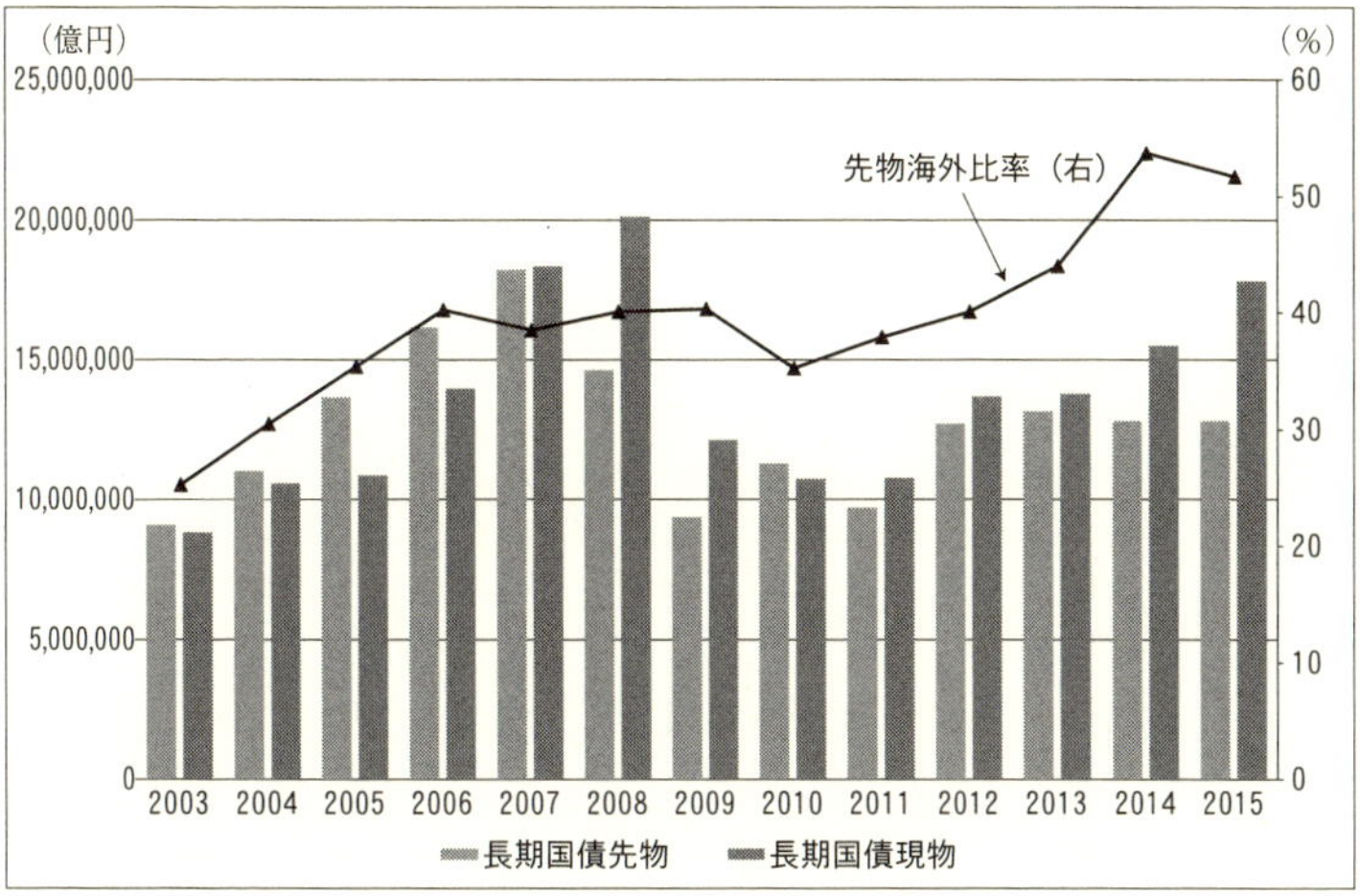

（注）　現物の売買代金はダブルカウント方式のため、2で割っている。
（出所）　JPXのホームページ、日本証券業協会ホームページから作成。

るシェアは最近数%程度まで低下している。国債先物市場の拡大は、中心的な投資家である海外投資家抜きには考えられない。

なぜ海外投資家は国債先物を中心的に売買するのか？理由は複数考えられるが、第一には流動性（売買が成立しやすいか）が高いからである。現物国債では、10年物でも銘柄数は１２０程度存在し、流動性（売買）が不足する銘柄もある。最近では、日銀の買い切りオペが強まり、現物国債の流通量が不足しがちで、こうした傾向に拍車がかかっている。しかし、先物では、最も近い決済月の銘柄（期近物）の1銘柄に取引が集中する。このため、先物では流動性が潤沢である。

第二の理由は、海外投資家の国債売買は長期保有による利回り指向ではなく、短期売買による売買差益（キャピタルゲイン）指向であり、現物と先物の裁定取引を活発化していると推定される。例えば、現物国債が割高と判断する場合、現物銘柄を売り、先物を買う。そして、現物国債が値下がりした時点で、現物国債を買い戻し、先物を売却する。このように、現物国債が先物とのセットで売買されることが増加していると見られる。

また、国債先物における海外投資家のシェアは、2014年6月、9月、12月、2015年3月、6月というように、決済月には60%程度まで上昇している。これは最終決済日前に海外投資家が売り越し、最終決済日以降で期近物が移行すると（限月移行）、海外投資家が買い越すためである。海外投資家は決済日前後で売買を増やすため、決済月には売買代金が増加する。

図表6-1から、2003年以降の10年間ほどの期間で、国債先物の取引規模は国債現物に匹敵するものになっていること、海外投資家のシェアは50%程度まで上昇していることが明らかとなった。しかし、先物取引は、近年では、HFT（高速売買）の普及もあり、秒単位どころか、1000分の1秒単位で売買される世界である。すでに説明したように、現物国債は店頭取引であり、部分的には電話取引も残っている。しかし、先物国債は取引所取引で、システム売買であり、取引速度は極めて速い。

図表6-2は、週次で海外投資家の売買動向（2015年1月～6月）を見たものである。まず売買代金を見ると、2015年3月（決済月）の1週から2週にかけて急増し、2月第4週における約22兆円から、3月第2週には70兆円台に達した。国債先物の最終決済日は3、6、9、12月の20日であり、7営業日前が実質的な最終取引日である（2015年12月限より5営業日前）。したがって決

図表 6-2　海外投資家と証券（自己）の国債先物売買動向

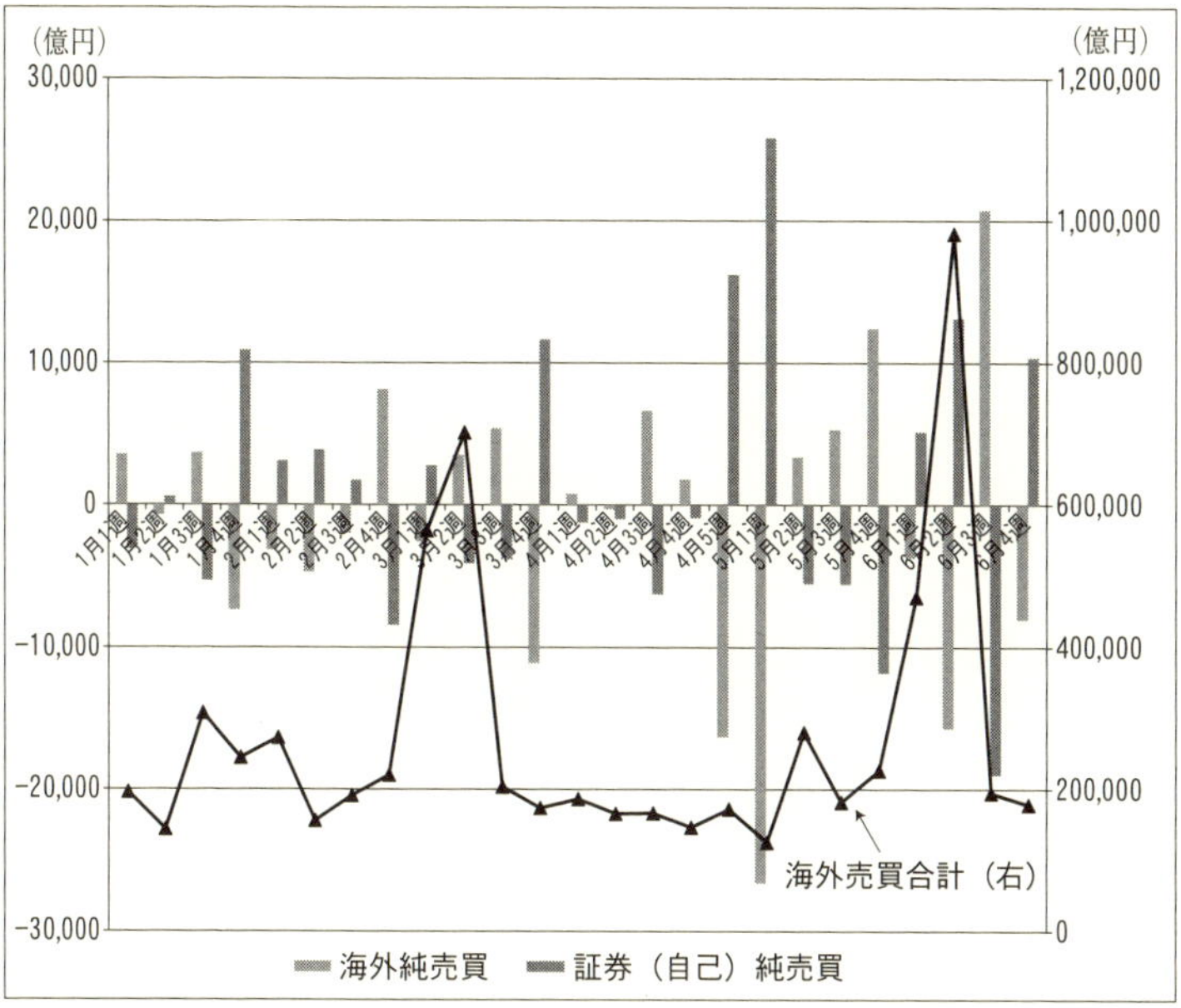

（出所）　JPX ホームページから作成。

済月の１１日前後が最終取引日となり、通常は第２週である。このため、決済月の１週から２週にかけて、売買が増加しやすい。海外投資家による純売買額を見ると、３月１週は２５６８億円の売り越し、２週は３４８０億円の買い越し、３週も５４０８億円の買い越しとなった。海外投資家は３月限の最終取引日前に、３月限を売り越して処分し、その後３月２週からは６月限を買い越したと見られる。また限月間スプレッド取引（３月限と６月限の価格差を狙った取引）が増加する影響もあろう。

　次の決済月は２０１５年６月であったが、図表６-２が示すように、国債先物の売買は、６月１週から２週にかけて増加した。売買代金は5月第４週には約22・5兆円であったが、６月第２週には約98兆円まで急増した。海外投資家の純売買額としては、６月１週には３６８８億円の売り越し、同２週には１兆５７１０億円の売り越しとなった。海外投資家は、６月の場合には大幅な売り越しだったと言える。また証券会社の自己売買も、５月下旬に売り越し基調だったことも注目される。これは、海外投資家がリスクヘッジとして、プットオプションを購入すると、売り手である証券会社が、リスクヘッジとして先物を売るからである（図表6‐6参照）。２０１５年の場合、５月下旬から、海外投資家の先物売りに加え、証券会社の先物売りもあり、先物価格は低下しがちであった。

海外投資家の売買動向は国債先物の価格に強い影響を与えた。図表6‐3は長期国債先物価格と長期（10年）国債現物利回りを示している。３月限の場合、２月27日に１４７円90銭まで上昇し、３月11日の最終取引日に１４７円39銭であった。しかし6月限の場合、３月12日に１４７円39銭でスタートし、６月11日に１４６円31銭まで低下した。６月限が最終決済日にかけて価格低下となったのは、海外投資家の大幅売り越し、証券会社の売り越しの結果と見られる。

国債先物の価格と海外投資家の売買動向は、「ニワトリが先か、卵が先か」という話に近い。海外投資家が国債先物を売るから、先物価格が低下するのであるが、先物価格が低下するので、海外投資家は売り急ぐ面もある。これは上昇する場合も同じで、海外投資家が買うから、先物価格が上昇するのであるが、先物価格が上昇するので、海外投資家は買い急ぐ面もある。最近では、国債先物の場合にも、コロケーション（Colocation、取引所内にファンド等がホストコンピューターを設置すること)、すなわち高速売買(HFT、1000分の1秒での売買)がなされているが、通常HFTはコンピューターによるシステム売買である。海外投資家によりトレンド・フォロー(相場動向追随)型のシステムが組まれると、相場(価格)が低下すると自動的に売り注文を出すようになっている。また逆に相場が上昇すると、自動的に買い注文が出される。このため、相場の動向が加速してしまう面が強まっている可能性がある。ただし、取引日の始値から一定の下落率に達すると、逆に自動的に買うプログラム売買も多いと推定され、始値から急落した後、急騰するといった相場動向になる。こうしたシステム(プログラム)売買の影響が強まり、1週間程度にわたり暴落するといった相場には、今のところなっていない。

先物では、売りから入ることができるが、それは相場(価格)が低下するという見通しに立っている。高値で売り、安値で買い戻すことで利益が発生する。しかし、相場の見通しがはずれ、価格が上昇した場合、売り方は高値で買い戻せば、損失を抱える。このため、通常売り方は相場見通しがはずれた場合、現物国債を受け渡すか、ロールオーバーしていると考えられる。

6月限の場合、2015年3月12日に147円39銭でスタートし、6月11日に146円31銭まで低下した。この場合、売り方は相場見通しがあたっており、安値で売り、高値で買い戻すことで利益を得る。しかし、買い方は高値で買い、安値で売れば、損失が発生する。そこで繰り延べ(ロールオーバー、借換え)が可能になっている。

国債先物におけるロールオーバーとしては、2000年8月に導入された限月間スプレッド取引が

図表 6-3　長期国債現物利回りと先物価格

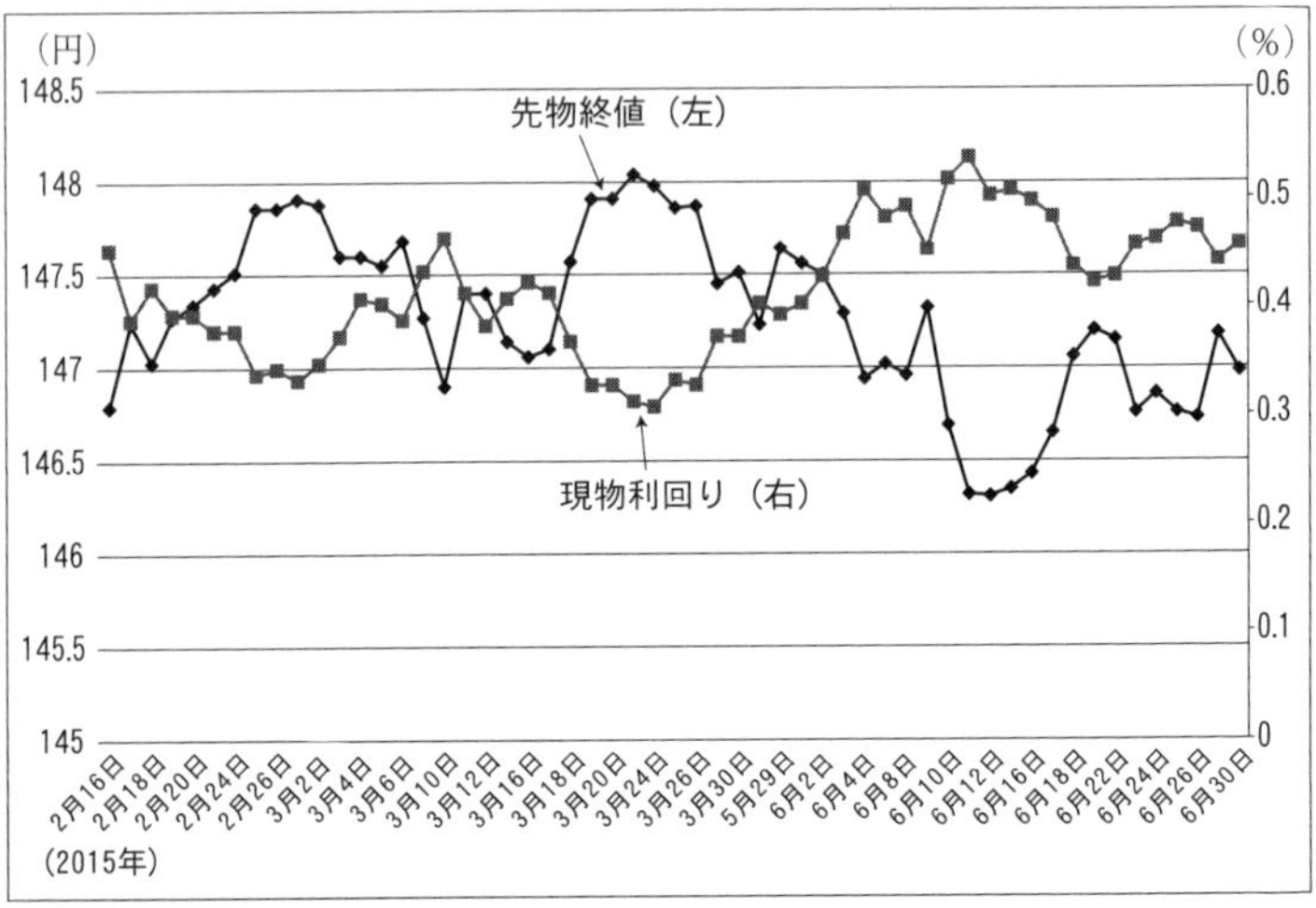

（注）　先物終値は3月11日までが3月限、それ以降は6月限（6月11日まで）。
（出所）　日本経済新聞等から作成。

利用されている。導入以前には、一度、反対売買をして買い（売り）戻し、新規に新限月で売り（買い）建てていた。しかし限月間スプレッド取引の開始によって、両限月の取引を同時に行うことが可能となった。最近では、限月間スプレッド取引はロールオーバー目的が中心となっており、しかも取引最終日前の取引が多くなっている。国債先物取引における限月間スプレッド取引の比率は概ね10～12％程度で2005～2015年に推移している。また最近では、限月間スプレッド取引が、立会外取引として執行される傾向が強まり、立会外取引比率（国債先物取引に対する）は2014年3月には16％程度まで上昇した。[2]

図表6-3から観察されるように、国債現物の利回り（価格）と国債先物価格は高い相関性を持っている。2015年3月限の場合、先物

価格が2月16日の146円78銭から、2月27日に147円90銭まで上昇した。この期間に、国債現物の利回りは0.45％から0.33％まで低下（価格は上昇）した。しかし、3月2日から先物価格は低下し、最終取引日の1日前である3月10日には146円89銭まで低下した。これに対応して、国債現物の利回りは、2月27日の0.33％から3月10日には0.46％まで上昇した。

さらに、ここから先物価格の低下と現物利回り上昇が始まった。国債先物価格は3月25日に147円85銭であったが、最終取引日の6月11日には146円31銭まで低下した。これに応じて、現物利回りは3月25日の0.33％から6月11日には0.535％まで上昇した。以上で見てきたように、国債先物価格と国債現物利回りの相関性は高く、ほぼパラレルに動くと見られる。したがって、国債先物価格が急落した場合、国債現物利回りが急騰する可能性は高いと考えられる。このことは、何らかの要因で、海外投資家が国債先物を大幅に売り越した場合、国債先物価格が急落し、よって国債現物利回りが急騰する可能性を示唆している。

図表6-4は国債先物受渡適格銘柄と日銀の保有シェアを示している。すでに指摘したように、国債先物に売りから入った場合、買い戻すのであれば問題ないが、買い戻さない場合には国債現物受渡が必要になる（ロールオーバーを除く）。3月限の場合、取引が開始された時期よりも、決済前に先物価格が上昇していた。このため、売り方は買い戻して、損失を確定させるか、あるいは現物を受渡して決済する必要があった。この場合、JPXが受渡適格銘柄を指定しており、図表6-4の15銘柄（2015年9月限に適用）である。325回債は2012年9月の発行であり、残存期間は7年ほ

図表 6-4　国債先物受渡適格銘柄と日銀保有シェア

（億円、%）

受渡適格銘柄	利率（%）	9月限交換比率	日銀保有	発行額	日銀シェア
325回債	0.8	0.706302	10,398	69,000	15.06957
326回債	0.7	0.692073	1,768	23,000	7.686957
327回債	0.8	0.697881	4,294	47,000	9.13617
328回債	0.6	0.677675	34,169	72,000	47.45694
329回債	0.8	0.681437	36,178	72,000	50.24722
330回債	0.8	0.673411	30,969	48,000	64.51875
331回債	0.6	0.660850	17,496	24,000	72.9
332回債	0.6	0.652611	36,622	72,000	50.86389
333回債	0.6	0.644514	53,223	72,000	73.92083
334回債	0.6	0.636515	56,239	72,000	78.10972
335回債	0.5	0.621778	46,569	72,000	64.67917
336回債	0.5	0.613869	16,924	24,000	70.51667
337回債	0.3	0.599832	36,030	46,000	78.32609
338回債	0.4	0.598933	48,083	52,000	92.46731
339回債	0.4	0.591117	21,033	22,000	95.60455

（注）2015年9月現在。
（出所）JPX、財務省、日銀HPから作成。

どである。339回債は2015年6月の発行であり、9月限にとっては新発債である（6月から取引開始）。すなわち受渡適格銘柄は残存期間7年債から新発債で構成されている。しかし、実際の受渡は7年物が中心となっている。

国債先物ではクーポンが6%と想定されているが、現在の現物ではクーポンは1%以下まで低下している。したがって、キャッシュフローからすれば、現物の価値は低くなるため、交換比率は先物1に対し、現物0.7～0.6となっている。しかし、問題はアベノミクスが開始されて以降、日銀の保有シェアが上昇していることである。とりわけ2014年秋以降、月間10兆円程度をオペで買い取っており、年間の新発国債（40兆円程度）を大幅に超えている。長期金利の指標は新発国債の利回りとされることもあり、新発国債はほぼ日銀に買い取られている。図表6-4で示されるように、338回債、339回債については日銀の保有シェアを推計すると、92～95％に達している。ほとんど市場に出回らない状態である。これは先物の受渡適格銘柄であっても、玉不足であり、利用できないことを意味する。2015年時点で、325～327回債で日銀保有シェアが10％前後となっており、比較的流通していると見られ、これらの銘柄が受渡に利用されている。

ただし、国債先物で受渡決済されている比率は極めて低く、総取引高に対する最終建玉残高の比率、すなわち受渡決済比率であるが、0・1～0・2％で推移しており、実態として現物の受渡はわずかである(3)。また受渡にあたり、最割安銘柄を選択できることになっているが、残存期間7年物が選択されており、今のところは、流動性等で問題はないようである。しかし、受渡等の決済に関わる問題と、先物価格低下による現物国債利回り上昇のリスクは別問題である。

Ⅲ　国債オプションと海外投資家

国債オプションは保険という性格を持つ。国債オプションは買う権利であるコールオプションと、売る権利であるプットオプションから成る。コールオプションは、将来において、一定の価格で買う権利を確保する。コールオプションでは、国債が将来時点で価格上昇する事態に備え、安い価格で購入できる権利を保険料（プレミアム）を払って確保する。コールオプション（買う権利）取引にも、売り手と買い手がおり、買い手はプレミアムを支払い、買う権利を確保する。他方で、売り手はプレミアムを得るが、一定の価格で買う権利を買い手に与えるので、市場価格が上昇した場合、安値で売る義務を負う。国債コールオプション市場で、買い手は海外投資家、売り手は証券会社であることが多い。

売る権利であるプットオプションでは、国債が将来時点で価格下落（利回り上昇）する事態に備え、高い価格で売る権利を保険料支払いにより確保する。プットオプション（売る権利）取引にも、売り手と買い手がおり、買い手はプレミアウムを支払い、売る権利を確保する。他方、売り手はプレミアムを得るが、一定の価格で売る権利を買い手に与えるので、市場価格が下落した場合、高値で買う義務を負う。国債プットオプション市場でも、買い手は海外投資家、売り手は証券会社であることが多い。

図表6-5は、２０１4年3月~２０１5年12月までの、国債オプション取引における海外投資家の売買代金と売買代金合計に占めるシェアである。オプションの売買代金は保険料部分であり、先物の売買代金に比較すると小さくなる。基本的に、海外投資家による売買代金として、プットオプションが多く、コールオプションが小さい状態が継続している。２０１4年3月以降、概ねプットオプションの買い代金は、コールオプションの買い代金を上回ってきた。これは海外投資家が国債オプションを、価格下落時に売る権利（価格下落への保険）として位置付けていることを示す。海外投資

図表 6-5　海外投資家と国債オプション

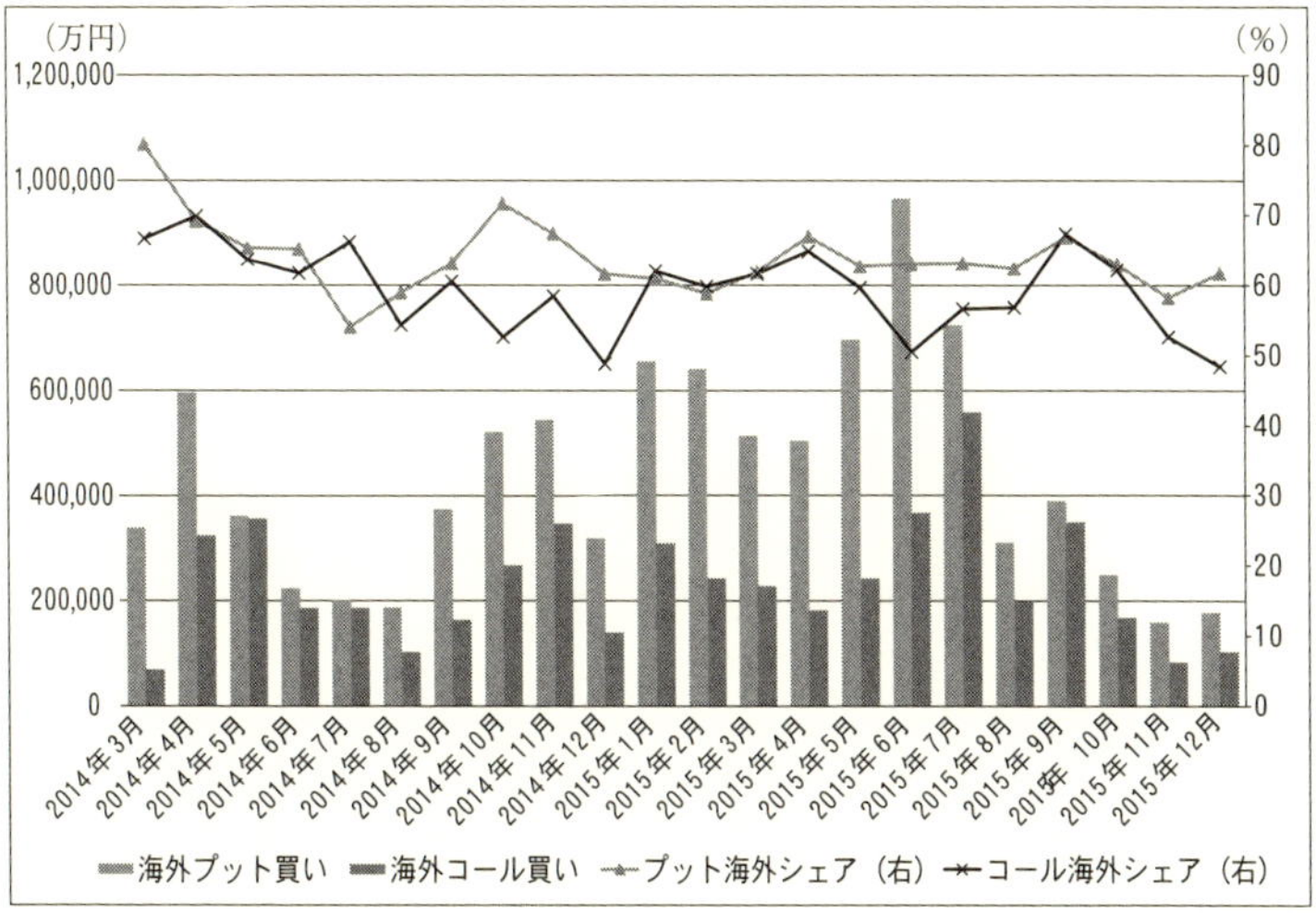

（出所）JPX ホームページから作成。

家によるプットオプション購入代金は傾向的に増加しており、２０１４年８月には20億円未満であったが、２０１５年６月には１００億円近くまで増加した。図表６-３で見たように、２０１５年３月から６月上旬にかけて２０１５年６月限の価格は１４８円から１４６円台まで低下しており、先物価格低下懸念が強まっていた。６月12日以降、２０１５年９月限の取引が開始され、９月限の国債先物を買った海外投資家は、同時にプットオプションを買い、価格下落に保険をかけたと見られる。

　国債オプション取引における海外投資家のシェアは極めて高い。図表６-５が示すように、プットにおいても、コールにおいても、海外投資家のシェアは概ね60％前後で推移している。残りの40％のシェアはほとんどが証券会社である。先物の場合には、３、６、９、12という決済月に規則的に売買代金と海外投資家のシェアが増加していた。オプションの場合、図表６－５が示すように規則性はあまり見られない。ただし、海外投資家のオプション売買はプットオプションが中心である。

国債プットオプションに関する海外投資家の買い付け代金、売り付け代金、プット純買い越し額を見ると、５月２週には純買い越し額が３億４０１９万円と大きく増加し、さらに６月２週にはやはり３億７２７７万円と大きく買い越した。この５月２週と６月２週に共通することは、国債先物の買い越し額が増加したことである。５月２週には先物（６月限）の売りも買いも増加したが、買い越し額は３３６０億円に増加した。また６月１週から２週にかけても先物の売買は大きく膨らみ、買い付け額は50兆円近くに達した。すなわち国債先物の買い越しが増加する時、価格低下リスクをヘッジするために、プットオプションに対する需要が高まると見られる。

オプションの売買は、海外投資家と証券会社（自己勘定）の間で行われることが多い。すでに見てきたように、海外投資家はプットオプションの買い付けが中心で、国債先物の価格が低下した場合、高値で売却できる権利を確保していた。これはプットオプションの売り手である証券会社（自己勘定）からすれば、市場価格が低下している時に、高値で買い取らねばならないことを意味する。したがって証券会社（自己勘定）としては、プットオプションを売り、プレミアムを得ると同時に、リスクをヘッジする必要性がある。証券会社（自己勘定）はプットオプションを売った場合、ヘッジとして先物を売り建てることが多い。証券会社（自己勘定）としては、先物価格が低下した場合、高値で

図表6-6　海外投資家のプット買いと証券会社の先物売り（2015年4～6月）

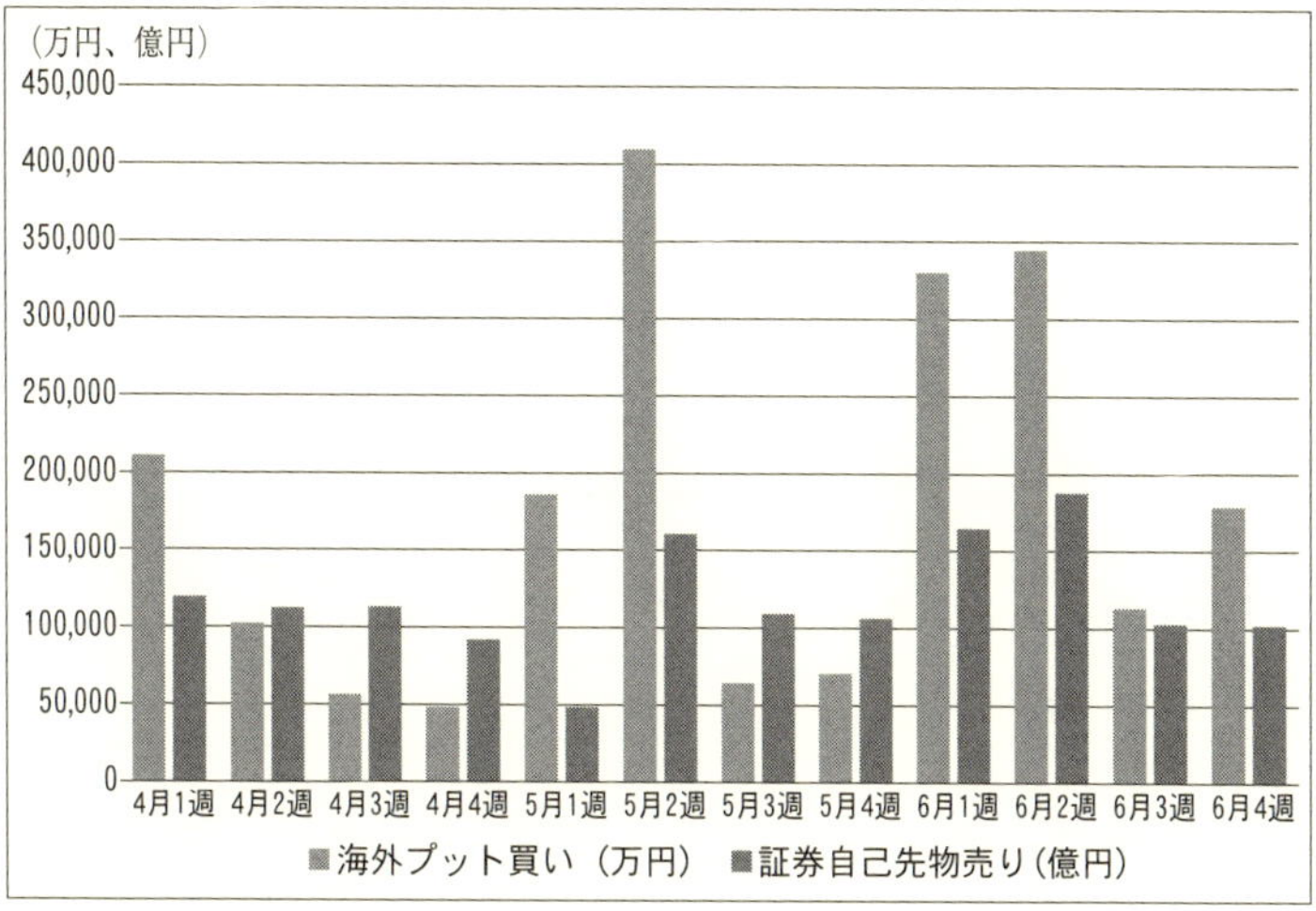

（出所）JPXホームページから作成。

買い取らねばならないが、先物で売り建てておけば、安値で買い戻すことにより、損失をカバーできる。

図表6-6は、海外投資家によるプットオプションの買い付け代金（万円）と証券会社（自己勘定）による先物売り付け代金（億円）を見たものである。プットオプションの買い付け代金はプレミアム（保険料）なので小さいが、証券会社（自己勘定）による先物売りとの間で相関性が見てとれる。海外投資家は5月2週、6月1～2週を中心としてプットオプションを買い付けているが、当該期間において証券会社（自己勘定）による先物売りも増加している。

こうしてオプションの動向は、先物売りなど先物の売買にも影響している。プットオプションの買い付けが増加すると、ヘッジとして先物の売り付けが増加し、先物の売り増加は国債現物の価格にも影響する。こうしてオプションの動向も、国債現物の利回りに影響していると見られる。

なおオプションの総取引高に対する権利行使数量の比率を見ると、過去10年間は概ね5％前後で推移してきた。しかし２００９年には９・１％といった高い水準まで上昇した。２００９年にはリーマンショックの影響で、国債先物の変動が激しく、オプション購入時にはアウト・オブ・ザ・マネーであった銘柄が、イン・ザ・マネーとなり、権利行使数量が増加したものと考えられる。(4)

アウト・オブ・マネーとは、コールオプションで言うと、先物価格が権利行使価格よりも低い場合であり、すぐには利益が発生しない。他方、イン・ザ・マネーとは、先物価格が権利行使価格よりも高い状態であり、権利行使によってすぐ利益が発生する。(5) 逆に、プットオプションであれば、オプション購入時には損失が発生しない状態（先物価格が権利行使価格よりも高い）であったが、その後先物価格が変動し、損失が発生する状態（先物が権利行使価格よりも低い）になったと言える。

Ⅳ　まとめに代えて

本章では、国債先物市場に関し、海外投資家の投資行動に注目して、検討してきた。

まず国債先物市場における投資家動向を検討した。まず国債現物市場に対し、国債先物市場の売買規模もほぼ匹敵していることを指摘した。国債先物市場で海外投資家のシェアは決済月には60％程度に達していること、国債先物価格と国債現物利回りは相関性が高いことを指摘した。２０１５年５

月～6月には、海外投資家の国債先物売りで、先物価格が低下し、国債現物利回りが影響されて急騰した。何らかの契機で海外投資家が先物を売り、国債現物利回りが上昇するリスクは高い。

さらに国債先物オプションでも、海外投資家のシェアが高いことを明らかにした。とりわけプットオプション（売る権利）で海外投資家の買い付けが多く、海外投資家が国債先物の価格低下をヘッジしていることがわかる。海外投資家のプット買い付けは、プットの売り手である証券会社（自己勘定）の先物売りヘッジをもたらすことが多い。こうして海外投資家によるオプション取引も先物経由で、国債現物利回りに影響することを指摘した。

（注）

（1）先行研究としては、岩井宜章、「我が国債券流通市場構造の近時の特徴を探る」、『証券経済研究』、第89号、２０１５年３月、57ページ。中島将隆、「流動性の高い国債市場は如何にして形成されたか」、『証研レポート』、１６９２号、２０１５年10月、56ページ。
（2）ＪＰＸ（大阪証券取引所）、『国債先物・オプション取引市場の歩み　２００５年～２０１５年』、２０１５年10月、30ページ。
（3）ＪＰＸ（大阪証券取引所）、『国債先物・オプション取引市場の歩み　２００５年～２０１５年』、２０１５年10月、81ページ。
（4）ＪＰＸ（大阪証券取引所）、『国債先物・オプション取引市場の歩み　２００５年～２０１５年』、２０１５年10月、65ページ。オプションによる権利行使は、１００％最終取引日に実施されている。海外投資家にオプションを売った証券会社（自己勘定）は、海外投資家の権利行使があれば、先物で反対売買をする。このため、先物最終決済日には先物売買が膨らむと同時に、先物の価格が変動しやすいと考えられる。
（5）代田純、「第９章　デリバティブ」、二上・代田編著、『証券市場論』、有斐閣、２０１１年、２３９ページを参照されたい。

第7章　日銀トレードと日銀の損失
～崩壊の可能性(3)～

Ⅰ　はじめに

日本財政の一般会計での歳出規模は２００９年度決算以降、１００兆円前後で定着している。２００８年度まで80兆円台であったことを想起すれば高水準で推移しており、基本的に「大きな政府」が継続している。第１章で指摘したような、日本財政の歳出膨張は、依然として継続している。他方、歳出を支える税収は、40～50兆円前後であり、税収比率は40～55％程度である。高水準の歳出規模が継続可能なのは、40兆円（新規財源債のみ）を超す国債が低金利で発行されているからである。２０１２年度には、国債依存度は48・９％（決算）まで上昇し、戦時水準と言われた。そして、新規財源債のほとんどは「日銀トレード」によって２０１３年以降買い支えられている。日本銀行が、国債買い切りオペは金融政策目的と主張しても、客観的に見れば、政府歳入の半分近くが国債発行によってファイナンスされている。日本財政の基本構造は、日本銀行の金融政策によって維持されていると言っても過言ではないだろう。２０１６年における消費税増税（２０１７年4月からの10％へ引き上げ）の先送りも、国債発行が現状では「円滑」に進んでいるからこそ、可能になったと見なければならない。

財政論として、日本銀行を論じる場合、いくつかのアプローチが可能である。最もオーソドックスな論点は、国債発行論であろう。国債管理政策における財政サイドの基本ニーズは、長期かつ低利での発行、ということは伝統的に論じられてきた。そして、現在、国債発行の満期構成で、長期債、ならびに超長期債の比率が上昇している。かつ同時に、財政の利払い負担は、極めて軽減されている。国債残高が１０００兆円を超したのに、一般会計での国債費が10兆円程度（利払い費）で済んでいるのは、超低金利と、国債整理基金特別会計の「活用」があるからである。(1)

本章では視点を変え、日本銀行による国庫納付金に注目したい。日本銀行は税引き後剰余金から、配当を支払い、準備金を積み立てた後、一般会計に国庫納付金を繰り入れている（２０１５年度は３９０５億円）。日本銀行の国庫納付金は、特別会計の剰余金と合わせて、数兆円の規模に達しており、財政（一般会計）の歳入を規定する「隠れた要因」となっている。すなわち、日銀納付金の増加は歳入増、日銀納付金の減少は歳入減となり、さらには国民負担増加につながる。日銀納付金は従来、外国為替関係の損益によって左右されてきたが、現在では「日銀トレード」によっても縮小されている可能性が高い。

日本銀行は、「日銀トレード」において額面超の価格で国債を購入してきたが、満期保有するため、償還にあたり損失が発生する。償却原価法で会計処理されるため、貸借対照表上の簿価が毎年償却されると同時に、国債利息（受取）収入から償却（償還）損は控除されている。日銀によると、２０１６年上半期で５９３６億円（利子調整額）に増加した。「日銀トレード」によって、結果的に国債償還損が発生し、日銀の経常利益、当期剰余金が減少し、最終的には国庫納付金の減少（国民の財政負担増加）につながってきたことを、公表データから可能なかぎり明らかにすることが、本章の目的である。２０１５年度、日銀の国債からの受取利息は１兆円を超したが、もともとの受取利息は２兆円以上あり、国債償還損で１兆円以上減っている、と推計される。(2) この延長において、出口戦略として利上げされた場合、利子収支が赤字となり、日銀が債務超過となるリスクもある。日銀の自己資本比率は銀行券残高比であるが、他の指標で見ると、近年急速に低下している。政府部門と中央銀行を統合して考えても、債務超過の状態である。

Ⅱ　一般会計の「雑収入」と日銀納付金

日本財政の一般会計で、歳入を構成するものは、税収、公債金収入だけではない。「雑収入」とされるものがあり、納付金、諸収入が主要な構成要因である。２０１５年度（補正後予算ベース）の場合、一般会計99・７兆円に対し、税収が56・４兆円、公債金が36・４兆円で、「雑収入」は６・８兆円であった。「雑収入」は主として、納付金と特別会計受入金から成る。うち納付金は、日銀納付金が中心であるが、日本中央競馬会納付金等もある。特別会計からは、特別会計剰余金が中心である。こうした「雑収入」が歳入のなかで大きな位置を占めることは日本財政の特徴のひとつであろう。

雑収入は2010年度には9兆7580億円に達し、一般会計歳入の10・6％を占めるに至った。特別会計に関する法律が成立し、財政投融資特別会計の基金等を取り崩したためである。翌年度、雑収入は6兆8739億円に減少したが、納付金が1兆7936億円（うち日銀納付金は5290億円）に増加し、雑収入を支えた。2015年度においても、雑収入は4兆6191億円あり、一般会計歳入の4・8％を占め、重要な収入源となっている(3)。

日本では、2011年度以降、特別会計剰余金が減少し、雑収入における日銀納付金の比率が上昇した。2014年度に、円安の影響から、日銀に為替評価益が発生し、このため日銀納付金は7567億円に増加した。特別会計から一般会計への繰入額と納付金の合計額で見ると、日銀納付金の比率は26％まで上昇した。日銀納付金で財政再建といった議論も、こうした背景で理解されよう。

しかし、図表7-1が示すように、2015年度には、日銀の経常利益、当期剰余金は半減し、国庫への納付金も3905億円にとどまった。主因は、以下で説明するように、円高による為替評価損の発生である。同時に、日銀トレードによる国債償還損によって、利息収入が大幅に減っていることもある。

日銀の損益計算書において、経常利益が計上された後、特別損益が計上される。2015年度の場

図表 7-1　日銀の経常利益・当期剰余金・国庫納付金　（億円・年度）

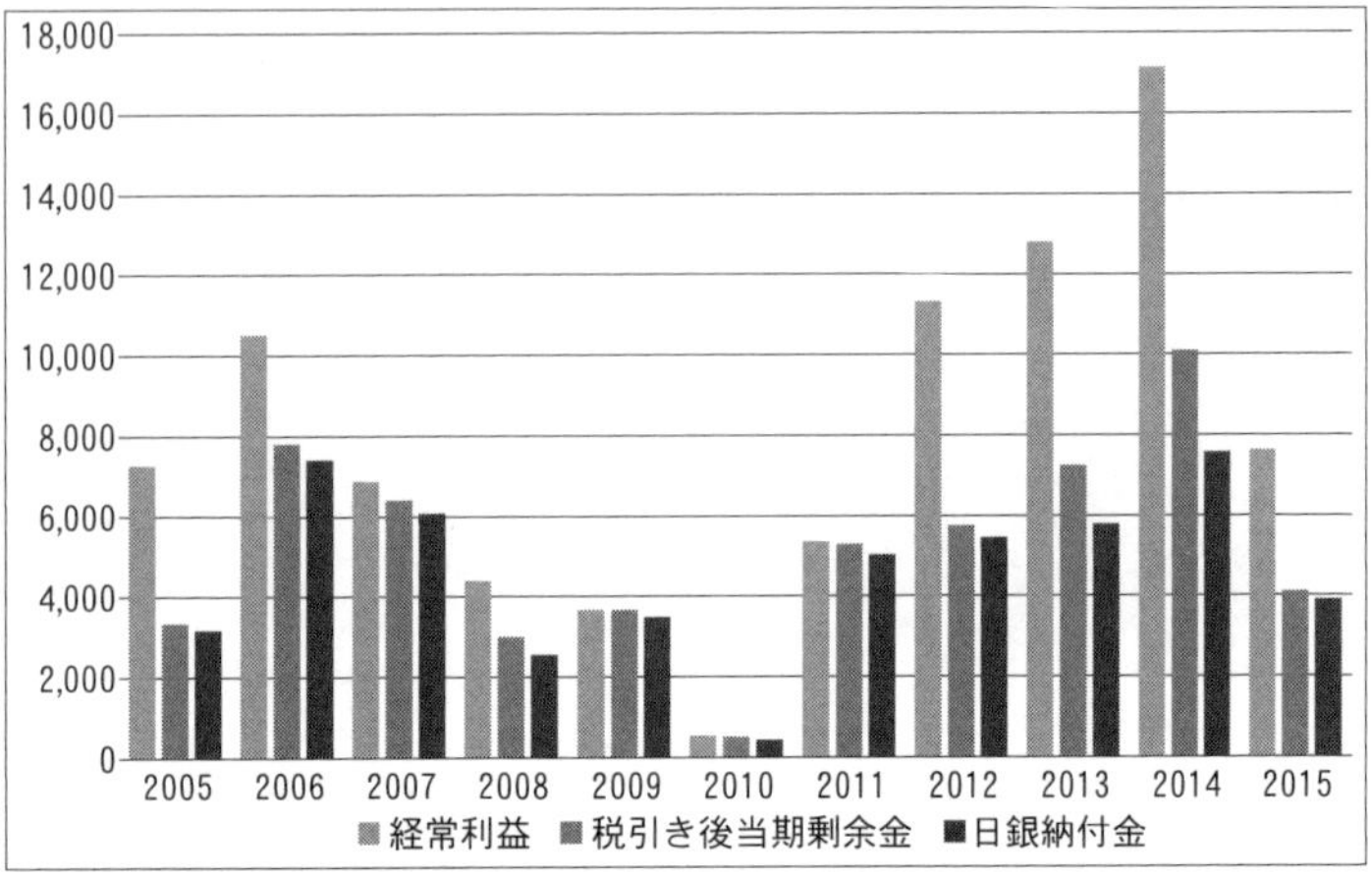

（出所）　日銀ホームページから作成。

合、特別損失として、債券取引損失引当金が４５０１億円計上（損失）された一方、特別利益として、外国為替損失引当金が２０４１億円取り崩され（利益）、結果として合計で２４５４億円の特別損失となった。これとは別に、経常利益に、外国為替損失（評価損）が４０８３億円含まれている。日銀の損益は、外国為替によって左右されやすく、まずこの点を明らかにする。

　日本銀行のバランスシートには、資産側に外貨資産が存在する。円換算で６兆６９７１億円（２０１６年３月）であり、資産の１・７％に過ぎない。しかも中央銀行が外貨建て資産を保有することは、一般的である。例えば、イングランド銀行は２０１４年度に、外貨建て資産を１４１・６億ポンド保有し、総資産の３・５％を占めていた。またドイツ連銀も、２０１５年末時点で５３７億ユーロの外貨建て資産を保有し、総資産の２・３％に達している。

しかし、両行とも、負債でも外貨建て負債を有すること等で、日銀とは異なっている。日本銀行は、資産サイドにだけ外貨建てが存在し、スワップ等でのリスクヘッジもかけていない。このため、円高局面では為替差損（評価損）が発生している。2015年度の場合も、円高となったため、4083億円の為替損が経常利益（費用）に計上された。もっとも円安局面で引き当てられた外国為替等取引損失引当金（2014年度末の残高は、1兆7861億円）から2041億円取り崩されて、軽減されたものの、影響は否めない。2015年度の場合、当期剰余金が4110億円であり、剰余金に匹敵する為替損が発生しているからである。2010年度には、為替損が4810億円発生し、当期剰余金は5億2100万円と、赤字の一歩手前まで追い込まれた。

日銀が、資産サイドにだけ、外貨建て資産を保有することになった経緯は興味深い。日本銀行のバランスシートに外貨建てが登場したのは、1998年末からで、当初は3兆4128億円であった。その経緯は、先行研究でも指摘されている。[4] 1998年度に巨額の為替介入が実施され、外国為替資金証券の発行限度枠（国会の承認事項）を超えてしまい、介入資金を日銀が外国為替資金特別会計に貸与したことである。[5] しかし、金利分が返済されないまま、日銀に残り、今日に至っている。この問題は、本章の主たる目的ではないが、日銀の国庫納付金を左右する問題であること、また同行の財務体質の脆弱性を示すこととして指摘しておきたい。

Ⅲ　日本銀行の国債利息収入と償却原価法・国債償還損

以上で指摘した為替損は経常利益に反映されるが、大枠において、経常利益は経常収益と経常費用の差額である。そして経常収益は主として国債（受取）利息から成り、経常費用は人件費、銀行券製造費等の諸費用のほか、補完当座預金制度による支払利息等から成る。２０１５年度の場合、経常収益は１兆５９７１億円で、うち国債利息は１兆２８７５億円であった。他方、経常費用は諸費用の１９３５億円のほか、補完当座預金制度の利息が２２１６億円（付利が２２３６億円、マイナス金利による受取が20億円の差額）であった。したがって、日銀の経常利益を最も根底で規定する要因は、まず国債からの受取利息である。

しかし問題は、まずこの１兆２８７５億円の国債利息であるが、国債償還損が控除後である。日銀は国債について償却原価法で計上している。この償却原価法では、例えば１０５円（額面１００円）で残存期間5年の国債を購入した場合、額面と１０５円の差額である5円を5年かけて償却することを意味する。1年目にはバランスシートに１０５円で計上され、2年目には１０４円、償還時には額面の１００円で計上される。この償却（損失）分は毎年、国債からの受取利息から控除されている。控除後の国債（受取）利息が１兆２８７５億円であり、その内訳（控除額等）は公表されていない。

この点に関し、図表7-2は財政収支の対日銀収支を見たものである。財政サイドから見たものだ

図表 7-2　財政資金収支対日銀収支の「利子・割引料」

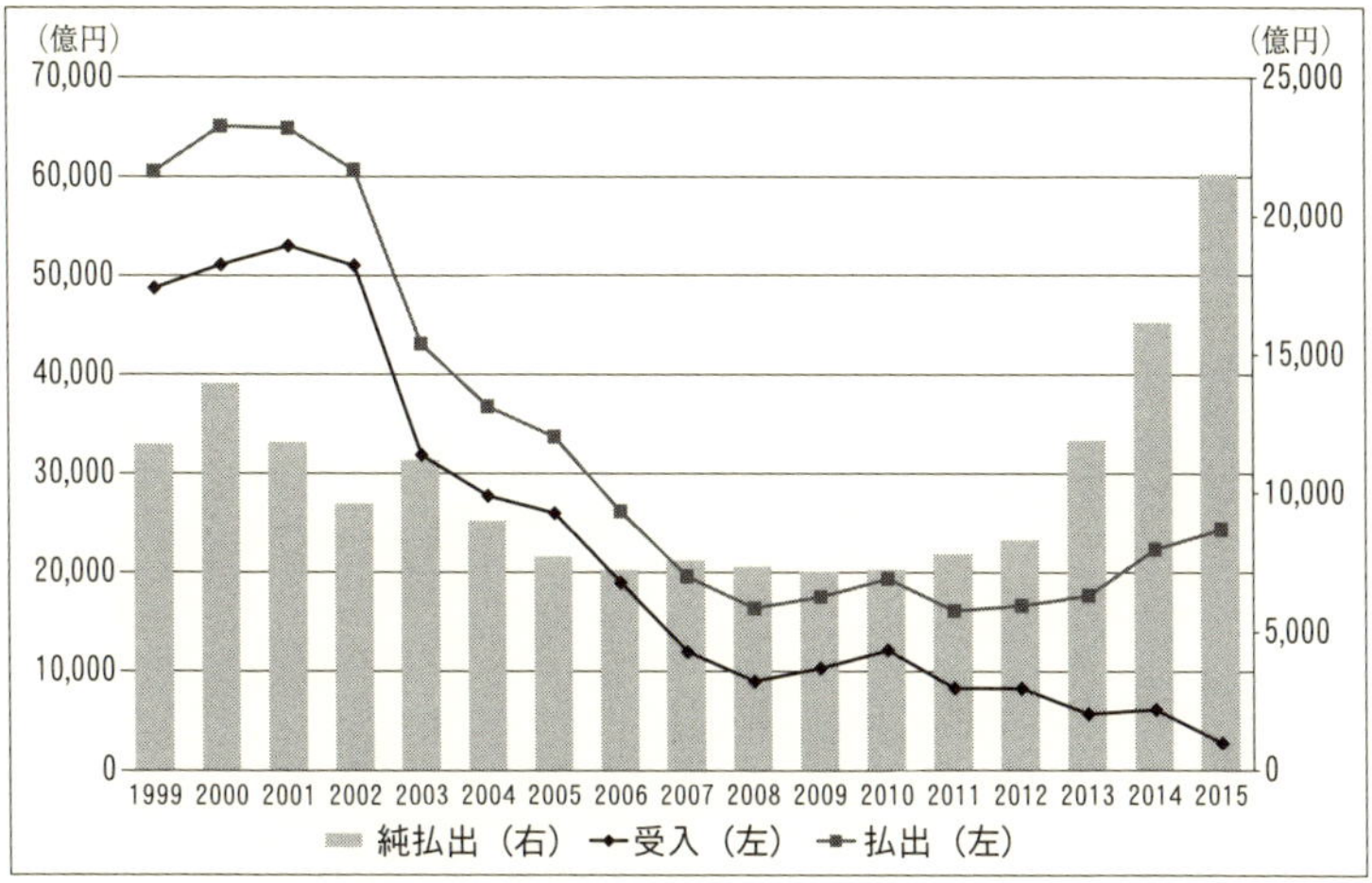

（出所）『財政金融統計月報』各号から作成。

が、受入は日銀からの利子受取であり、主として日銀の政府当座預金（国内指定預金、一般口）からの利子受取と見られる。１９９９年に外国為替証券の日銀引受が廃止され、同時に政府当座預金への付利が開始された。他方、払出は国債利払いと見られる。この差額が純払出であり、２０１３年以降急増しており、２０１５年には２兆１５３８億円に達している。したがって、日銀の利子収入は国債償還損控除前には２兆円以上あり、償還損控除により１兆２８７５億円（２０１５年度日銀決算における国債利子収入）まで減っていると見られる。２０１５年度の償還損は、８６６３億円と推計される。

現在、日本銀行の保有国債は急速に長期化している。日銀保有国債のなかで年限構成比を、２０１３年３月と２０１６年６月において比較すると、国庫短期証券は15％から11％に低下、２年債も18％から10％に低下した一方で、10年債は27％から32％へ上昇、20年債は15％で同じ、30年債はゼロから5％へ上昇、40年債はゼロから1％へ上昇となっている。20年債以上を超長期国債と呼ぶが、その合計シェアは15％から21％に上昇している。日銀保有国債の平均残存期間は、買い入れ（フローベース）で2012年には3年であったが、2015年には8・8年に達した。またストックベースでは、同じく3・9年から7・2年に長期化した⑹。

日銀は毎年度、決算後、財務諸表を公表するが、財産目録では額面ベースで国債保有が公表される。他方、財務諸表では簿価ベース（毎年、償却される）で公表される。この差額は、将来、償却される金額を意味する。この金額を見たものが図表7-3である。2015年度決算で、額面ベースで342・8兆円、簿価ベースで349・2兆円、差額は6・4兆円に拡がっている。仮に、償還までの、平均残存期間が7・2年であれば、6・4兆円÷7・2年＝8889億円が、利息収入から控除されていることになる。図表7-2による推計償還損は8863億円であったから、極めて近い数値となる。

そもそも、日銀トレード（日銀による国債買い切りオペが、国債発行後に速やかに実施されること）による国債の購入価格（利回り）は公表されていない。公表されている情報は、オファー額、応札額、落札額、（価格）較差、按分比率である。

2016年5月2日にオファー（募集）された残存10～25年物オペでは、2400億円の募集に対し、応札が8138億円あり、2404億円を落札（日銀が買った）。日銀が購入する金額上限で、

図表 7-3　日銀保有国債の簿価と額面

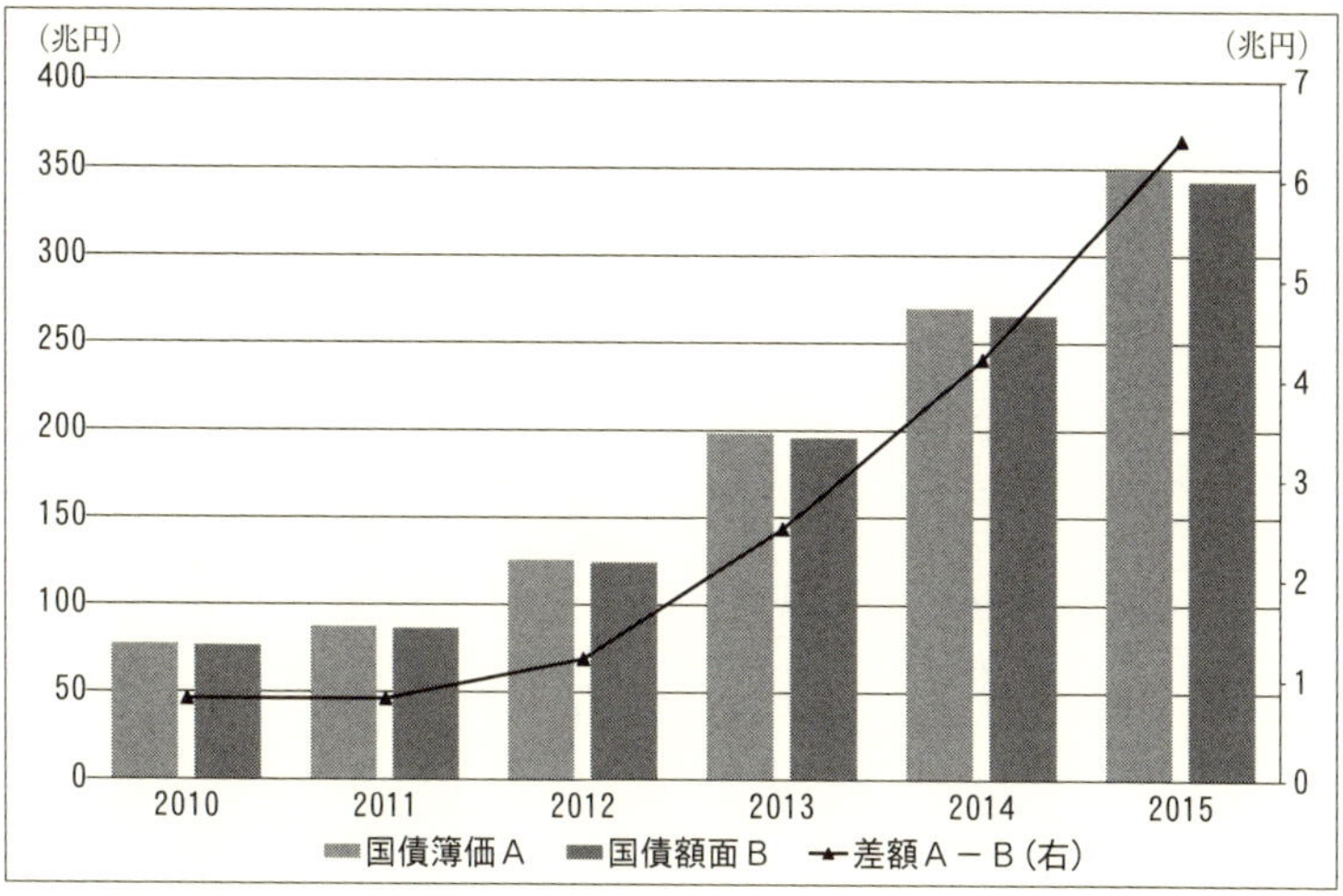

（出所）　日銀ホームページから作成。

複数社から同じ水準（利回り）で入札があったため、複数社に「按分」した。按分比率＝（按分レートでの落札額）÷（按分レートへの応札額）である。按分された部分の利回り較差は「マイナス０・０５３％」であり、平均の落札利回り較差は「マイナス０・０４６％」である。この「利回り較差」とは、「売買対象先が売買の際に希望する利回り」と、「本行が市場実勢相場を勘案した利回り」との差である。したがって、売買対象先の銀行・証券会社が低い利回り（高い価格）で入札すると、利回り較差はマイナスとなる。また「本行が市場実勢相場を勘案した利回り」とは、日本証券業協会が発表する「公社債参考統計値」を意味すると見られる。したがって、この場合、公社債参考統計値の利回りよりも、平均して０・０４６％低い利回り（高い価格）で、日銀は購入したことを意味する。

この日銀トレードに、最も近い国債発行は3月22日に発行された超長期国債第156回（20年）であり、3月22日に利率0・4％、平均価格99円49銭（利回り0・427％）で、1兆890億円発行された。発行価格は額面以下であり、利回りは0・4％以上であった。しかし、取引が開始されると、価格（「公社債参考統計値」）は上昇し、利回りは低下した。4月26日には、平均単価は100円93銭と額面を超え、平均利回りは0・35％まで低下した。5月2日に日銀トレードがオファーされると、一段と価格は上昇し、利回りは低下した。5月2日に102円6銭へ上昇し、日銀トレード実行日の5月9日には103円32銭まで上昇した。さらに、この証券業協会の売買参考統計値よりも、利回りで0・046％低く、日銀は購入している。5月9日の平均利回りよりも、0・046％低く、日銀は利回り0・179％で購入したと見られる。これは価格にすると、104円25銭近辺である。銀行や証券会社が、財務省の入札で3月22日に99円49銭で購入し、5月9日に日銀トレードにおいて104円25銭で売却すると、4円76銭（手数料等を除く）が、1か月半程度で利益となる。年間運用利回り（単利）は、38％を超える。

問題はまず、財務省による国債発行（入札）に、国民誰もが参加できるわけではない。国債市場特別参加者制度に登録された、証券会社（外資含む）や銀行に実質的に限定されている。2014年度について、国債入札における、業態別落札実績を見ると、証券会社が76・6％と最大で、うち国内証券が54・6兆円で46・3％、外資系証券が35・8兆円で30・4％であった。銀行は、国内銀行が27・2兆円で23・1％を占め、外資系はゼロであった。この他、保険等は1％以下で、わずかだった。結局、証券会社が高いシェアを占め、この傾向は超長期国債ほど顕著であった。ちなみに40年国債では、証券会社が内外合計で100％であった。証券会社が40年国債等を自社で保有するはずもなく、ほぼ全額が日銀トレードで転売されていると見られる。銀行が落札シェアで23％と、相対的に低い背景には、銀行は国債を満期保有する傾向が高いことを指摘できる。(7) 銀行は満期保有する傾向が強く、マイナス金利で国債の保有には耐えられない。このため、三菱東京UFJ銀行も国債市場特別参加者の資格を返上したと見られる。(8)

また日銀トレードについても、国民誰もが取引先となれるわけではない。日銀と国債を売買するためには、日銀当座預金口座を有する等が必要であり、実質的に証券会社、銀行に限定される。(9) なお、第5章で検討したように、我が国の短期金融市場におけるレポ取引は、現金担保付き債券貸借取引と売買形式の現先取引から成っている。後者の現先取引は、国債を担保とする資金の貸借市場である。また債券貸借取引でもGC取引は、資金調達として利用される。これらのレポ市場が、財務省入札から日銀トレードまでの、一連の流れにおいて、活用されている可能性がある。現先市場の投資家構成を見ると、債券ディーラー（証券会社、銀行等の自己売買）の売り残（資金調達）と、外国人の買い残（資金運用）が突出していた。(10) 債券ディーラーは、財務省の入札発行で国債を購入し、すぐに現先市場で売り建てて、資金繰りに対応していると見られる。そして、日銀トレードの直前に、現先市場で買戻して、日銀に売却していると見られる。

他方、日銀は額面以上の104〜105円で購入し、満期まで保有する。満期時には、額面で償還

図表 7-4　2015 年の購入国債の額面と時価の差額

（億円）

2 年債買入	5 年債	10 年債買入	20 年債買入	30 年債買入	40 年債買入
222,061	304,163	308,192	150,821	77,154	13,852
変動買入	物価買入	額面合計	時価	差額	
7,924	1,204	1,085,371	1,124,220	38,849	

（注）　各年限内訳は額面ベース。
（出所）　日銀 HP 等から作成。

される。このため、償還損が発生し、国債利息収入から差し引かれ、結果として経常利益が減少する。最終的には国庫納付金の減少となり、間接的ながら国民負担となる。この償還損がどの程度発生しているか、別の視点から推定する[11]。

日銀は、「日本銀行が保有する国債の銘柄別残高」を毎月公表しているが、額面ベースで公表している。したがって、償還分を差し引き、前年分と比較すれば、額面換算で年間購入した金額が計算できる。他方、マネタリーベース（フロー）では時価で年間の国債購入額が公表される。両者から推計すると、図表7-4が示すように、２０１５年における差額は３兆８８４０億円になる。この金額は日銀が２０１５年以降で、償却する必要のある金額である。日銀が保有する国債の平均残存期間は7・2年程度であるから、２０１５年だけで５３９４億円が償却されている。さらに過年度分も２０１５年分に加わるので、やはり８０００億円～１兆円近い金額で利子収入が縮小していると見るべきであろう。

Ⅳ　マイナス金利導入の影響と今後

日銀の国債保有シェアが35％以上に近づき、国債の買い入れが困難になる等の事情から、現在の日銀トレードが２０１７年に限界を迎えると指摘される。銀行等はレポ取引等のため、一定量の国債を保有する必要があり、既発債の売却を抑制する一方で、年間40～50兆円の新規財源債では日銀の買い入れ規模に足りないからである。[12] 追加緩和策として、手段は限られよう。可能性としては、２０１６年1月に導入された、マイナス金利の適用範囲の拡大、あるいはマイナス金利の引き下げ等が考えられる。

逆に、物価上昇率が2％に近づき、出口戦略に向かう場合、①預金準備率引き上げ、②国債売りオペ、③補完当座預金制度における付利（現在はマイナス）の引き上げ、という選択肢がある。①と②が現実的に困難ならば、③が有力とされる。当座預金の付利金利を0・1％から0・5％等に引き上げ、実質的に利上げすることである。この場合、日銀の利払い費が急増して、経常利益が赤字になる可能性が指摘される。[13] 従来、補完当座預金制度で0・1％の付利をして、日銀は２０００億円程度を支払ってきた。このため、仮に0・5％へ利上げすると、補完当座預金制度の支払金利は1兆円程度まで増加し、金利収支で赤字になる可能性があるからである。

しかし、本章で指摘したように、今後国債償還損は増加する可能性が高いこと、マイナス金利化により日銀の国債受取金利収入が減少する可能性が高いこと等々を考慮すれば、出口に向かう前に赤字になる可能性も否定できない。為替レートが円高となり、為替評価損が発生し、利子収支の悪化が重なれば、十分に赤字の可能性がある。日銀が赤字となった場合、現行の日銀法では、政府による補填はできないことになっている。

日本における戦後の国債発行の歴史は、第4章で指摘したように、法律の拡張解釈の歴史である。財政法第四条は国債発行を禁じ、但し書きで公共事業の場合にのみ認めている。この四条但し書きを根拠にして、四条国債（通称建設国債）発行が60年代に開始された。その後、特例として、特例国債（同赤字国債）が認められた。国債償還60年ルールは、社会資本の耐用年数が60年であることを根拠に、四条国債にのみ認められたが、特例国債にも拡張適用された。さらに特例国債は、特例公債法で、実質的に特例ではなくなった。こうした戦後日本の財政金融史を考えれば、現行の日銀法の規定を絶対視することはできないだろう。

以上のような背景において、まずマイナス金利導入による影響を検討する。2016年1月に導入されたマイナス金利は、三層構造になっている。まず、従来通りの0・1％で付利される、基礎残高があり、この部分が当座預金残高のほとんどを占めている。基礎残高＝2015年1～12月の当座預金残高平残－所要（法定）準備額で計算される。このことは、従来の当座預金残高には、従来と同様に0・1％で付利することを意味する。ついで、ゼロ金利であるマクロ加算残高であり、所要（法定）準備額等に、マクロ加算額＝2015年の当座預金平残×基準比率（2～3月は0％、4～5月現在2・5％）、を加えたものである。従来からも、日本の場合、所要（法定）準備額には付利されていなかったため、この点も加算部分含め、従来と変わらない。また日銀として、基準比率の見直しによって、政策金利残高を概ね10～30兆円とする（マイナス金利適用範囲を限定する）見込みも示された。最後に、政策金利残高であり、基礎残高とマクロ加算残高の合計を超過する部分となり、この部分がマイナス金利（マイナス０・１％）適用となる。２０１６年2月には基礎残高が２０９・３兆円、マクロ加算残高が22・４兆円、政策金利部分が22・３兆円であった。３月に、政策金利部分が29・７兆円へ増加したが、４月には21・２兆円、５月には20・４兆円と減少した。３月に政策金利残高が高かった要因は、国債大量償還があり、当座預金が増加したため、と言われる。(14) 政策金利残高は6月に25兆６８８０億円に増加したが、７月に20兆８０９０億円に減少した。

欧州中央銀行（ＥＣＢ）はすでに２０１４年にマイナス金利を導入した。マイナス金利の適用範囲（つまり金利を受け取る準備預金の範囲）は、日銀よりもＥＣＢのほうが、はるかに広い。ＥＣＢのほうが、マイナス金利で利子を受け取る範囲も広いのであるが、それでもＥＣＢの利子所得は減少している。これは、日銀の利子収入が今後減少する可能性が高いことを示唆している。日銀の場合、マイナス金利の適用範囲は政策金利残高だけで、当座預金残高全体の７％に過ぎない。したがって、日銀が金利を受け取る範囲も、現状ではわずかである。

V　日銀の債務超過問題と自己資本比率

補完当座預金制度の金利収支を含め、現在までの日銀の金利収支と自己資本を見る。まず受取国債利息（短期国債含む）は2012年度における6225億円から、2015年度に1兆2875億円に増加してきた。これは主として、長期国債保有残高の量的増加に起因するものであり、長期国債（平残）は同じく83兆5174億円から263兆7767億円に増加した。むしろ、長期国債（平残）が3倍以上に増加しているにかかわらず、国債利息収入が2倍程度にとどまっていることが問題である[15]。その要因は、国債運用利回りの低下であり、2012年度の0・719％から2015年度には0・495％まで低下した。この利回り低下には、国債償還損が含まれていることを指摘した。

他方で、補完当座預金制度による支払金利が増加している。2012年度には315億円であったが、2015年度には2236億円まで増加している。他方、マイナス金利に伴う受取金利は20億円にとどまる。実質、2015年度はマイナス金利が2か月であったことを考慮しても、受取金利は月間10億円で、年間120億円である。現状の付利では、支払金利のほうがはるかに大きい。当面の金融政策が緩和基調である場合、マイナス金利の引き下げや、適用範囲の拡大が予想されるが、日銀の受取金利が増加する余地は限定されよう。

問題は出口戦略として、補完当座預金の付利が引き上げられる場合であろう。超過準備預金200

兆円超に0・1%の付利をして年間2000億円超の金利を支払ってきたが、仮に利上げで0・5%の付利となれば、1兆円超の利払いとなる。現状で国債利息（受取）が1兆2875億円であるから、金利収支が赤字に転落する可能性は十分にあろう。日銀が赤字に転落し、自己資本を取り崩すシナリオが現実化した場合、何が発生するか。国債が償却原価法で処理されているから、表面上は債務超過になる可能性は小さい。しかし、時価ベースで含み損を抱え、実質的に債務超過となる可能性は十分にある。この関連において、日銀の自己資本が問題となろう。

日銀の自己資本比率は対銀行券残高である。そもそも、中央銀行の自己資本比率を、銀行券残高で計測することが判然としない。銀行券残高は中央銀行にとり負債であるから、負債に対し一定の自己資本を保持すべき、という考えであろう。しかし、現金（中央銀行券）の代替性を持つ電子マネー等が普及する今日では、妥当性を欠くように思われる。またベースマネーのなかで、当座預金が積み上がり、日銀券の比率は低下している。現状では、ベースマネーのなかで、当座預金から日銀券引き出しが強まっていないので、インフレは現実化していない。しかし、当座預金から日銀券引き出しが強まると、インフレが顕在化するリスクは高まる。

そこで日本銀行の自己資本比率として、ベースマネーを分母とするもの、総資産を分母とするものを計算してみると、図表7-5が示すように、ベースマネー分母の自己資本比率は2008年まで6%台であったが、2015年には2・1%まで低下した。また総資産を分母とする自己資本比率は2007年には5・2%あったが、2015年には1・9%まで低下した。日銀が公表する自己資本比

図表 7-5　日銀の自己資本比率諸指標　（％）

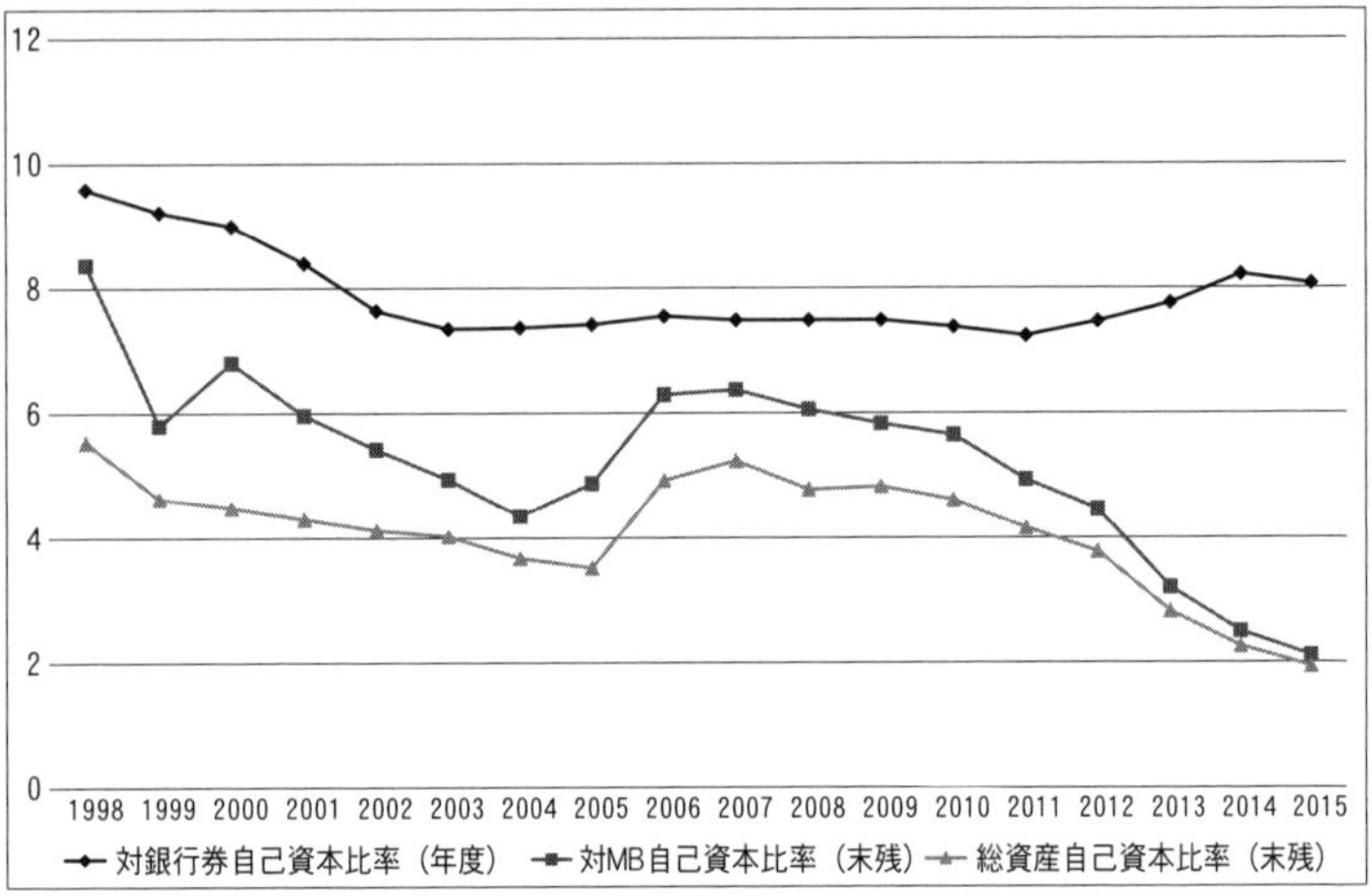

（出所）日銀ホームページから作成。

率ほど、日銀の財務構造は安定していない。

日銀の自己資本、債務超過に関連して、少なくない論者が、日銀を単独で議論することに疑義を呈し、政府との統合で議論すべきとしている。[16] 日銀がもともと政府部門の一部と考えられること、日銀が債務超過となれば政府が補填しなくとも予算制約となること、等々が根拠にある。国のバランスシートを見ると、資産側が有価証券１３９兆円（公債除く）、貸付金１３８兆円、運用寄託金１０４兆円、有形固定資産１８０兆円、出資金70兆円などを中心に６８０兆円である。他方、負債側が政府短期証券１００兆円、公債８８５兆円（政府部門保有を控除後）、公的年金預り金１１４兆円などで合計１１７２兆円となる。このために４９２兆円の債務超過である。また日銀のバランスシートは、資産が国債３７０兆円を中心に４２５兆円、負債が銀行券残高１００兆円、当座預金残高300兆円中心で425兆円という構造である。両者を統合してみると、日銀保有の国債370兆円は政府部門保有として、負債側から控除できる。負債側の公債合計は600兆円に減るが、代わりに銀行券残高100兆円と当座預金残高300兆円が加わる。やはり負債合計は1000兆円を超え、400兆円程度の債務超過となる。

Ⅵ まとめに代えて

日銀が経常利益ベースで赤字となり、さらに債務超過となった場合に、現在までの日銀トレードは縮小を余儀なくされよう。国債流通市場で最大の買い手である日銀が、国債購入を縮小させるならば、国債価格が下落し、長期金利が上昇する可能性が極めて高いと見られる。

現在の日本では、財政から日銀に2兆円を超す利子費が払われる。日銀は2兆円以上を受け取るが、償還損を1兆円近く生み、経常利益は1兆～数千億円に縮小する。さらにここから準備金、引当金等を積み、最終的な国庫納付金は数千億円となり、国庫に還流している。この限りでは、日銀を経由した国庫資金のフローは、財政負担を増加させている可能性が高いと言えよう。

また、マイナス金利政策による国債利回りの低下によって、日銀が得ている国債からの金利収入が今後、急速に減少する可能性がある。このため、出口戦略の前に、日銀の損益が赤字となる可能性も懸念される。

（注）

（1）こうした論点は、本書の第8章等を参照されたい。

（2）先行研究としては、熊倉正修、「異次元緩和の行方と日本銀行のバランスシート」、『週刊金融財政事情』、第66巻第30号（通巻3130号、2015年8月10日）38〜43ページ。（http://store.kinzai.jp/magazine/AZ/20158-3130-.html

（3）財政関係のデータは、参議院予算委員会調査室『財政関係資料集』、平成28年版による。

（4）熊倉（2015）による。

（5）1998年4〜6月の為替介入額は3兆円を超し、1999年1〜3月にも6000億円を超す介入が実施された。財務官は97年7月〜99年7月が榊原英資氏、99年7月〜2003年1月が黒田東彦氏（現日銀総裁）。98年7月末までが橋本政権で松永蔵相、8月からは小渕政権となり宮沢蔵相に代わり、政権交代期でもあった。

（6）日本銀行、『2015年度の金融調節』、2016年6月、37ページ。

（7）財務省、『債務管理レポート2015』、113ページ。

（8）http://www.mof.go.jp/about_mof/councils/meeting_of_jgbsp/press_release/20160713.html　みずほ系2社も返上している。

（9）http://www.boj.or.jp/mopo/measures/term_cond/yoryo08.htm/

（10）http://www.jsda.or.jp/shiryo/toukei/jyouken/index.html

（11）日本経済研究センター、佐三川郁子他、「2015年度金融研究班報告④マイナス金利政策の限界」、2016年3月参照。

（12）銀行等の金融機関は、レポ取引による資金調達のために、担保として、一定量の国債を保有する必要性がある。日本とドイツで、10年物国債の金利がマイナス化した背景には、中央銀行による買い切りオペ以外にも、レポ取引の影響もあろう。この点は、拙著、「マイナス金利と国債市場〜日独国債とレポ取引〜」、『証券経済研究』、2016年9月参照。

（13）翁邦夫、証券経済学会報告、2014年11月、和歌山大学。

（14）日本銀行、『2015年度の金融市場調節』、2016年6月、16ページ。

（15）会計検査院、「量的・質的金融緩和の導入及びその拡大の日本銀行の財務への影響について」、http://www.jbaudit.go.jp/report/new/characteristic26/fy26_kanshin_ch12.html　982ページにおいても、この問題が指摘されている。

（16）植田和男、「自己資本と中央銀行」、『日本銀行調査月報』、2003年12月号、および森田京平、「中央銀行に自己資本は必要か」、『週刊ダイヤモンド』、2012年11月7日。

第8章　超長期国債の借換発行増加と国債整理基金特別会計

I　はじめに

第4章でも指摘したように、近年の国債発行総額において借換国債が大きなシェアを占めている。さらに借換国債を含め超長期国債の発行が増加している。こうした超長期国債など、借換国債は国債整理基金特別会計で発行される。本章は一般会計での財政負担と国債整理基金特別会計の関係を踏まえ、国債整理基金特別会計によって一般会計の財政負担が軽減されていることを指摘する。国債整理基金特別会計は他の特別会計での国債、政府短期証券、借入金の元利償還も一元管理しており、資金の流れは極めて複雑化している。国債整理基金特別会計をめぐる資金の流れを踏まえ、超長期国債の投資について、主要な投資家であった生保が近年、保有を減少させていることを指摘する。最後に、日本銀行が量的に国債保有を増加させるのみならず、超長期国債の保有を増やしていることを指摘する。

新聞報道等では、一般会計の公債費（利払い・償還費）だけが注目されるため、特別会計を含む財政実態は知られていない。国債整理基金特別会計は政府短期証券や特別会計での借入金等も返済するため、一般会計では22・4兆円（２０１４年度）である国債費は、国債整理基金特別会計を含むと92兆円（２０１６年度予算）に達する。これは社会保障関係よりも大きい最大費目である。

国債整理基金特別会計で発行される借換国債のなかで、超長期国債が増加している。超長期国債の主要投資家は伝統的に生保会社であったが、生保の国債投資は長期投資（責任準備金対応債券等）が中心と考えられ、国債利回りの低下を背景に、国債投資を抑制している。このため日本銀行が量的に国債保有を増加させているだけでなく、超長期国債の保有を増やし、質的にも財政負担軽減に寄与している。(1)

Ⅱ　借換国債発行と超長期国債

２０１４年度当初予算で、発行国債の内訳構成を見ると、借換国債が１２２兆１００億円と圧倒的なシェアを占めている（図表4−1参照）。２０１４年度の借換国債発行が増加した要因は、２００９年度に建設・特例国債が52兆円と、２００８年度に比べ20兆円近く増加したためである。リーマンショックに対応する経済対策が発動され、財源として5年債を中心とする国債が新規発行され、この5年債が２０１４年度に満期を迎えた。しかし、満期を迎えた5年債（２００９年度発行）を現金償

図表 8-1　一般会計国債費と国債平均利率

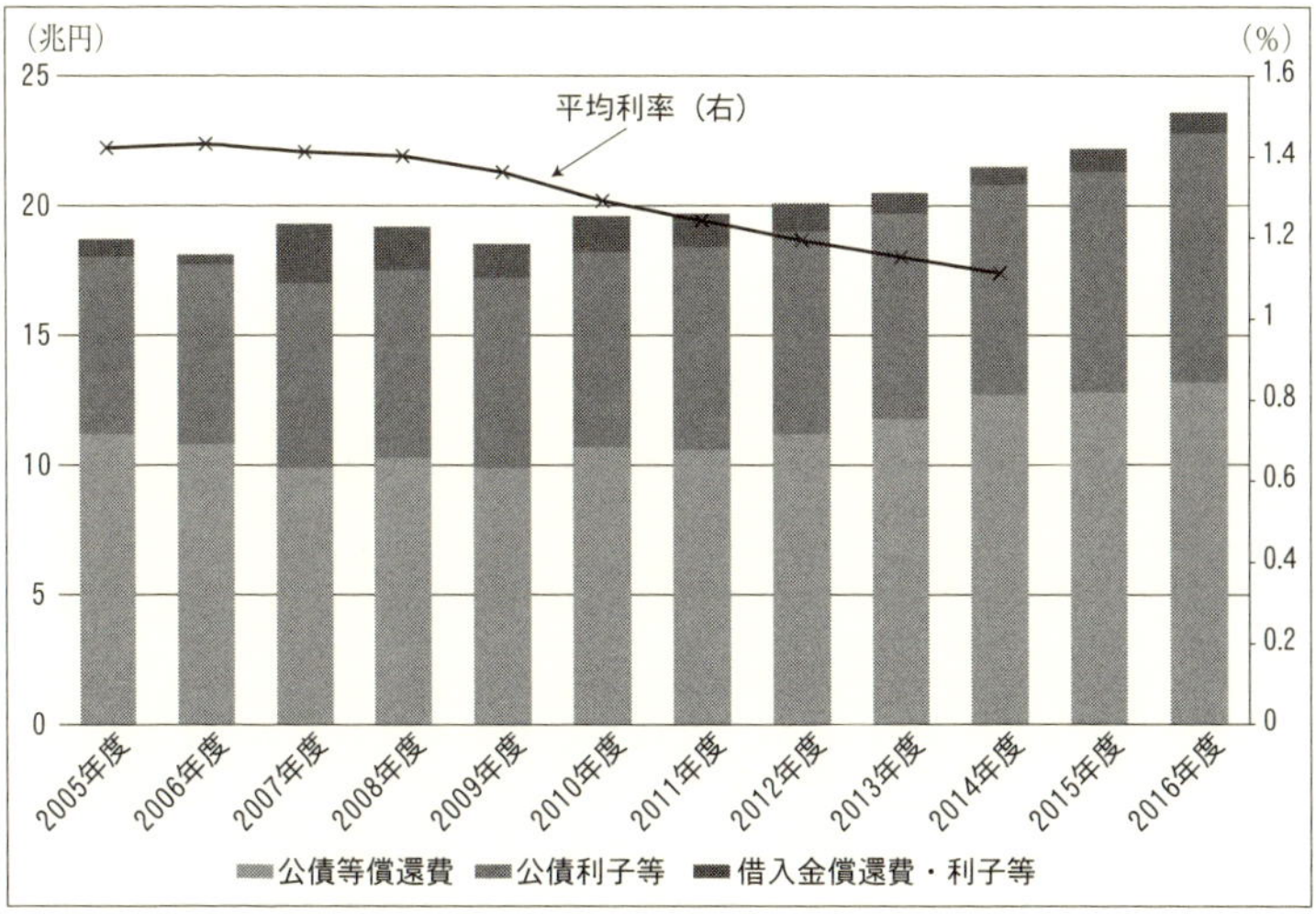

（注）2014 年度までは決算、2015 年度は補正後、2016 年度は当初予算。
（出所）財務省『債務管理レポート』。

還することはなく、借換国債が発行された。第4章でも指摘したが、60年償還ルールのもとで、発行された新規国債は、60年かけて漸次的に現金償還され、多くは借換えされている。

60年償還ルールのもとでは、現金償還は毎年60分の1となるため、一般会計から国債残高の60分の1（1.6％分）が定率繰入として、減債基金である国債整理基金特別会計に繰り入れられている。この定率繰入も建設・特例国債に限定されており、財投債、政府短期証券、借入金等は対象外となっている。

償還が60年償還ルールで緩和されていることに加え、国債発行の利率が歴史的低水準となっていることが、発行を容易にしている。図表8-1は、一般会計国債費の内訳と構成を示している。公債等償還費は、上記で述べた国債整理基金特別会計への繰入であるが、２０１０〜２０１３年度に10〜11兆円であったが、２０１４年度にはやや増加し、12・7兆円となった。また公債利子等については、２００５〜２００６年度には6兆円台、２００７〜２０１２年度には7兆円台であったが、２０１４年度には8・１兆円へ増加した。公債利子費が増加した要因は、国債残高が増加したことであろう。現在、国債残高の平均利率（表面利率の加重平均、財務省計算）は２００５年度の1・４％台から、２０１４年度には1・11％まで低下しており、金利面では財政負担は大幅に軽減されている。

長期金利の低下が、財政の利払い負担を抑制し、60年償還ルールが元本償還をわずかな範囲に限定してきた。日本の国債残高は１０００兆円を超し、一般政府の純金融債務残高の対ＧＤＰ比率が１４２％（２０１４年、ＯＥＣＤ統計）に達し、イタリア（１１８％）やギリシャ（１２７％）よりも深刻である。しかし日本では財政は危機に至っていない。その重要な背景に、金利水準が極めて低いこと、ならびに60年償還ルールにより元本償還が少ないこと、これらのため一般会計における国債費比率が低いことがあろう。しかし、図表8-1でも一般会計国債費は２０１０年度以降、じりじりと増加しており、金利が反転すれば、急増するリスクを内包している。

財政の利払い費負担が増加することは、所得の再分配に関わる問題である。財政学における伝統的議論であるが、財政の利払い費は国債保有者に支払われ、一方利払い費増加により増税されるため、租税負担が増加する。(2) この場合、租税負担の帰着により、所得の再分配が発生する。現在の日本で、国債保有者は日本銀行や民間銀行が中心であり、銀行が国債から金利収入を受け取っている。日本銀行への利子支払いは、第7章で見たように、日銀オペで相殺され、増税圧力を形成する。民間銀行への利子支払いは、納税者から銀行株主への所得移転となる。

日本の財政では、借換国債は一般会計ではなく、国債整理基金特別会計で発行される。このため、一般会計だけでは、財政の実態は見えてこない。一般会計での国債利払い費や償還費についても、一般会計で直接支払われるわけではなく、一般会計から国債整理基金特別会計に繰り入れられ、国債整理基金特別会計で支払われる。他の特別会計（交付税および譲与税配布金特別会計、外国為替資金特別会計等）で発行される国債、借入金も同じく、元利払いは国債整理基金特別会計に一元化されている。このため、国債発行の中心となった借換国債の分析には、国債整理基金特別会計の分析が不可欠となる。

とりわけ現在の借換国債増加のなかで、超長期国債による借換発行の増加が注目される。国債管理政策とは、財政サイドからする長期かつ低利での資金調達と、金融サイドからするインフレ管理との対立と協調と理解されてきた[3]。ところが現状では日欧を中心に、デフレ管理が前面にでているため、金融政策に物価抑制の必要は乏しく、財政当局のニーズが受け入れられやすくなっている。日本でも、超低金利を追い風として、超長期国債による借換発行が増加している。これは伝統的な国債管理政策からすれば、財政サイドの全面勝利とでも呼ぶべき事態である。

図表8-2は借換国債における年限別発行額を示している。すでに図表4-1で示したが、借換国債の総額は、2009年度における90・5兆円から、2014年度当初には122・1兆円（補正後12

図表 8-2　借換国債の年限構成

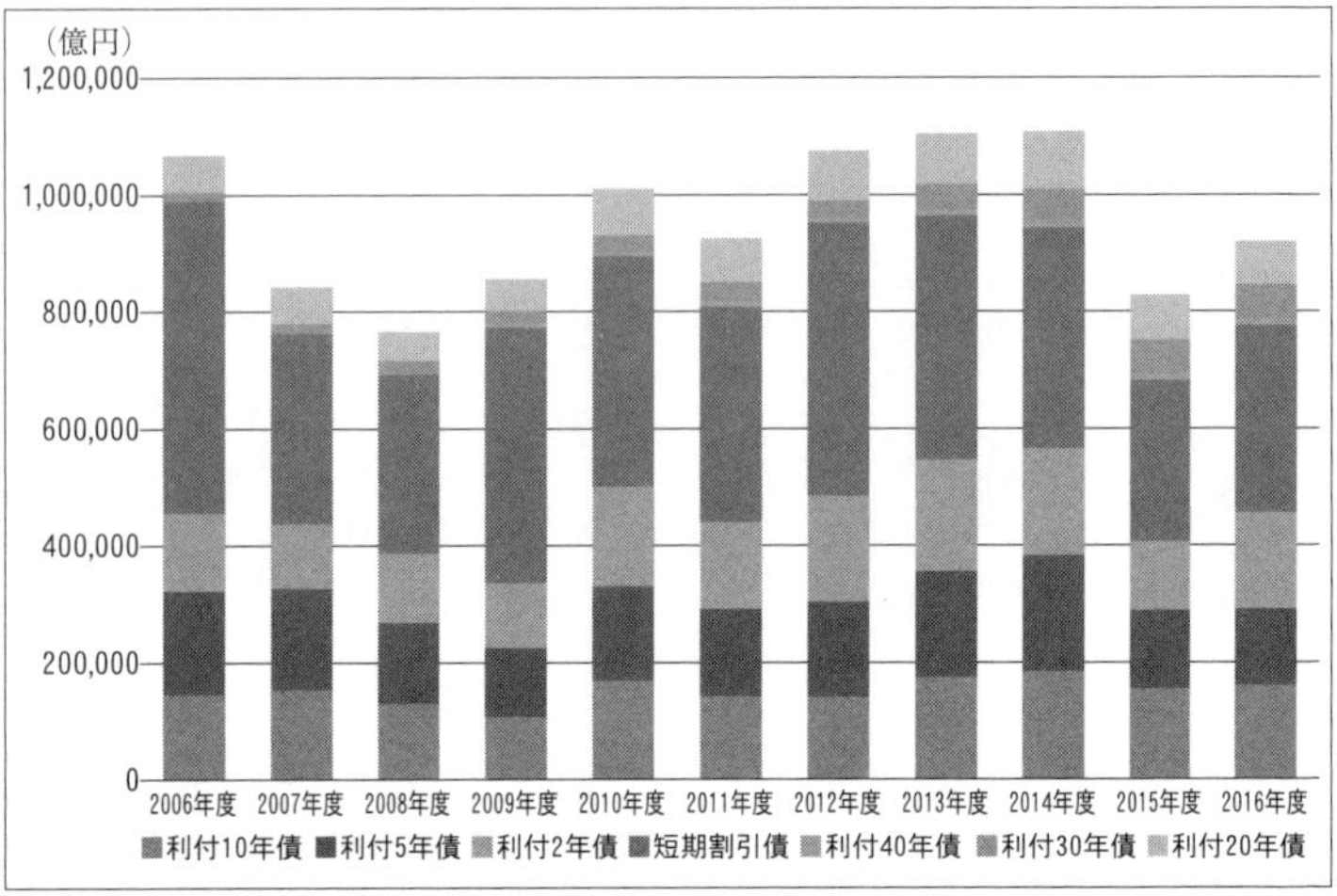

（注）2014 年度までは決算ベース。
（出所）参議院予算委員会調査室、『財政関係資料集』。

3・7兆円）まで増加している。このなかで、超長期国債発行額（20年以上、借換国債分のみ）は２００９年度の8・3兆円から、２０１4年度には16・4兆円まで増加している。この他、新規財源債等の超長期国債発行額は9・5兆円あり、合計すると２０１４年度には超長期国債発行額は約24兆円（予算ベース、決算では26兆円）であった。

超長期国債発行の増加に伴い、市中発行された国債の平均償還年限は、２００６年度には7年であったが、２０１５年度には8・5年まで長期化しており、長期かつ低利という財政当局のニーズに沿った国債発行となっている。

超長期国債の発行条件は財政にとって、極めて良好な水準となっている。２０１３年度において、40年物の超長期国債は約1・8兆円発行された。この場合、多くの発行（入札）において、利率（クーポン）は1・9〜2・2％とされていたが、入札により発行価格は、額面100に対し110〜118となったケースが多い。したがって、利率が2・2％であっても、利回りでは1・6％程度となった[4]。現在、流動性供給入札（流動性が不足する銘柄について、流動性を補完するため、追加発行する入札）が実施されているが、この流動性供給入札で利回りが低いケースが目立っている。40年におよぶ超長期国債を、利回り1・6％程度で発行できることは、財政にとり極めて有利なことは自明である。

Ⅲ　国債整理基金特別会計と借換国債

超長期国債を含む、借換国債の発行は国債整理基金特別会計によっている。この国債整理基金特別会計は、資金の流れが複雑であるが、特別会計のなかでも規模が大きい。日本の財政の重要な特質は、特別会計の規模が極めて大きいことである。一般会計の規模は約100億円であるが、特別会計との粗合計額は507兆円となる。ここから重複分を差し引いても、純合計額は237兆円（2014年度）となる。特別会計だけで、137兆円程度の規模があり、一般会計よりも大きい[5]。

こうした特別会計や財政投融資など、一般会計以外の財政規模が巨大であることは、海外では例を見ない。例えばイギリスの場合、財政は、経常勘定である統合基金（Consolidated Fund）と資本勘定である国家貸付基金（National Loan Fund）から成る。統合基金は経常勘定であり、社会保障などの経常費が支出される。この経常勘定は現在、歳入・歳出規模で約６０００億ポンドの規模である。この経常勘定での赤字は、資本勘定である国家貸付基金に移され、国家貸付基金で国債が発行される。また利払いもこの国家貸付基金でなされる。さらに国家貸付基金は、貸付を公共事業、債務管理、為替平衡勘定等に対し行っている。いわば、国家貸付基金は国債整理基金特別会計と財政投融資の機能を併せ持った存在とも言える。しかしその歳出規模は３００億ポンド前後である。イギリスの場合、国家貸付基金は経常勘定の５％程度の歳出規模である[6]。他方、日本の特別会計（その一部は財政投融資）は巨大である。

この特別会計は１９９０年には38会計あったが、２００６年には31会計、さらに２０１１年には17会計まで減少してきた。しかし２０１２年度には東日本大震災復興特別会計が新設され、18（２０１５年度現在、14）となっている。こうした特別会計の問題は、資金の流れが複雑化し、財政実態が見えにくくなることであろう。

特別会計のなかで、歳入・歳出規模で見た場合、最大の特別会計が国債整理基金特別会計である。図表８-３は国債整理基金特別会計の歳入・歳出における主要項目である。まずその規模であるが、２０１４年度当初でも２１４兆円に達している。内訳を見ると、他会計からの繰入総額は91兆円であり、極めて大きな金額が会計間で動いている。まず一般会計からの繰入が約23兆円であり、図表８-１で見たような償還・利払い費が一般会計から繰り入れられている。次いで特別会計間での繰入が68兆円あり、最大のものは交付税および譲与税配付金特別会計で33・5兆円が繰り入れられている。

図表 8-3　国債整理基金特別会計の主要な歳入・歳出

（億円）

歳入		2013 年度当初	2014 年度当初	2015 年度当初	2016 年度当初
他会計から受入		828,750	912,534	880,310	899,846
一般会計		222,415	232,693	234,497	236,110
特別会計		606,335	679,841	645,812	663,736
	交付税及び譲与税配付金	335,919	334,902	332,787	329,757
	外国為替資金	12,302	12,624	12,403	8,240
	財政投融資	173,244	207,430	177,812	205,909
	エネルギー対策	63,670	103,811	101,837	99,237
	年金	14,912	14,911	14,911	14,896
公債金		1,201,806	941,495	1,162,986	1,091,144
前年度剰余金受入		120,000	280,000	0	0
歳入合計		2,164,413	2,140,861	2,068,455	2,015,400
歳出		2013 年度当初	2014 年度当初	2015 年度当初	2016 年度当初
国債整理支出					
公債等償還		1,360,232	1,564,270	1,448,314	1,414,727
	一般会計負担	1,201,901	1,331,308	1,283,525	1,220,112
	特別会計負担	158,331	232,962	164,790	194,616
借入金償還		391,304	400,283	410,487	418,447
	一般会計負担	7,002	6,815	7,380	738,252
	特別会計負担	384,302	393,469	403,107	411,065
公債利子等		112,327	113,982	112,910	110,043
	一般会計負担	97,692	99,749	100,169	98,937
	特別会計負担	14,635	14,233	12,741	11,106
歳出合計		1,964,413	2,140,861	2,068,455	2,015,400

（出所）『債務管理レポート』各年版から作成。

交付税および譲与税配付金特別会計は、一般会計からの地方交付税交付金や地方への譲与税などを中心に、地方への資金を管理している。２０１３年度当初予算で歳入は約54兆円であるが、他会計からの繰入が17兆円あり、うち一般会計からが16・4兆円となっている。問題は借入金であり、２０１３年度には33兆円に達している。もともと２００６年度末まで、交付税および譲与税配付金特別会計の借入金は52・３兆円あったが、うち18・７兆円について国の一般会計が承継し、国債費として償還することとなった。この措置により交付税および譲与税配付金特別会計の借入金は33・６兆円に減少したが、以降償還は進まず今日に至っている(7)。借入先の内訳として、23兆円が民間金融機関であり、10兆円が財政融資資金からの借入である。交付税および譲与税配付金特別会計の借入金は６か月の短期借入金であり、２０１３年度の場合、年間40回を超える入札（民間金融機関対象）が実施され、短期のつなぎ金融によって債務が繰り延べられている。入札で借入金の利率は０・１％程度に抑制されてきたため、事態の深刻化は辛うじて免れている(8)。

交付税および譲与税配付金特別会計はこうした事情で、毎年、国債整理基金特別会計に33兆円程度を繰り入れ、短期借入金を国債整理基金特別会計経由で償還している。国債整理基金特別会計の歳出面で借入金償還が38兆円となっているが、その多くは交付税および譲与税配付金特別会計による借入金である。利払いも国債整理基金特別会計経由であるが、利率が０・１％程度であり、わずかな金額にとどまっている。

交付税および譲与税配付金特別会計に次いで、国債整理基金特別会計に繰入が大きい特別会計は、財政投融資特別会計である。財政投融資特別会計は財政融資資金（旧資金運用部資金）の運用等のための特別会計である。２００８年度に名称が財政融資資金特別会計から財政投融資特別会計となった。

財政投融資特別会計は、財政融資資金勘定と投資勘定からなる。財政融資資金勘定は財政融資資金の運用の経理を行っているが、歳入規模は30兆円（２０１３年度当初）を超えている。投資勘定は、前身が産業投資特別会計の産業投資勘定であるが、歳入・歳出は２６４０億円（２０１３年度当初）とわずかである。財政融資資金勘定の歳入30兆円のうち、公債金（財投債発行）が11兆円、財政融資資金から繰入が16兆円となっている。また運用収入も2・5兆円ある。他方、歳出では財政融資資金への繰入が11・6兆円、国債整理基金特別会計へ繰入が17・3兆円である。

すなわち財政投融資特別会計が財投債を発行するが、その資金は財政融資資金に繰入られ、財政投融資で運用（貸付等）される。償還財源等は財政融資資金から財政投融資特別会計に繰り入れられ、財政投融資特別会計から国債整理基金特別会計に繰り入れられている。極めて複雑でわかりにくい資金の流れとなっている。

財政投融資特別会計では２０１２年度で９５２６億円の剰余金が発生している。これは貸付金利が比較的高いものの、調達金利（財投債）が極めて低いことに起因している。この剰余金は積立金（金利変動準備金）に繰り入れられるが、積立金残高は２０１３年３月には８１５５億円であったが、２０１５年３月には６００５７億円に減少した。財政投融資特別会計の積立金から一般会計への繰り入れが２００８年度以降、４〜７兆円規模で実施されてきたためである[9]。一般会計の財源不足補完が優先され、財政投融資特別会計での金利変動リスク管理が軽視されており、問題である。

エネルギー対策特別会計はエネルギー需給勘定、電源開発促進勘定、原子力損害賠償支援勘定（２０１１年度設置）から成るが、借入金があり、ならびに政府短期証券が発行されている。エネルギー対策特別会計の歳入は、２０１３年度当初で７・５兆円であるが、うち１・５兆円が石油証券と借入金、また５兆円近くが原子力損害賠償支援証券と借入金となっている。石油証券の残高は約１・４兆円（２０１４年度末見込み）あり、またエネルギー対策特別会計の借入金（多くは満期１年）が約４・５兆円あり、うち４・２兆円は民間からの借入金である。交付税および譲与税配付金特別会計と同様に、民間に対し入札が実施され、借り入れられている。やはり金利は０・１％程度で極めて低い。

エネルギー対策特別会計の歳出では、原子力損害賠償支援勘定から国債整理基金特別会計への繰入が約５兆円、エネルギー需給勘定から国債整理基金特別会計への繰入がやはり約１・４兆円となっている。借入金が短期であるため、借入金残高と国債整理基金特別会計への繰入額がほぼ等しい。

この他、外国為替資金特別会計から国債整理基金特別会計へ１・２～１・３兆円、年金特別会計から国債整理基金特別会計へ約１・５兆円が繰り入れられている。外国為替資金特別会計は外国為替資金証券、年金特別会計は年金特例国債を発行しており、元利償還は国債整理基金特別会計経由だからである。図表８-３では国債整理基金特別会計へ１兆円以上の繰入がある特別会計のみ記載したが、食料安定供給、国有林野事業債務管理、貿易再保険、自動車安全の各特別会計からも繰り入れられている。

以上で、特別会計から国債整理基金特別会計への繰入について見てきたが、図表８-３で国債整理基金特別会計の歳入で最大項目は、やはり公債金である。借換国債が国債整理基金特別会計で発行され、歳入として約１２０兆円（２０１３年度当初）計上されている。また前年度に剰余金が発生した

図表 8-4　一般会計・特別会計合計 244.6 兆円の主要経費内訳

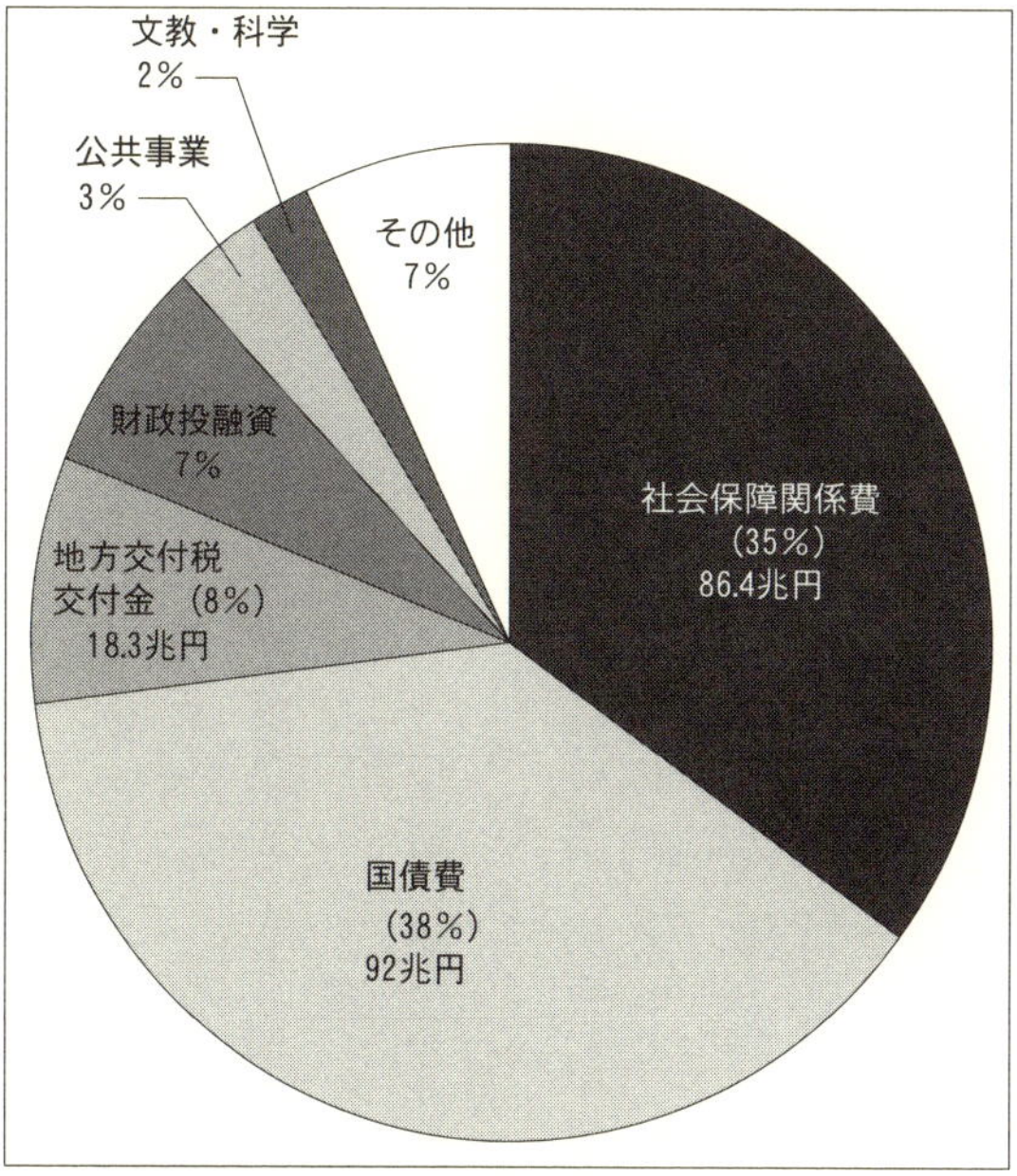

（出所）財務省『特別会計ガイドブック』各年版から作成。

場合、翌年度の歳入に計上されている。

以上の歳入により、国債整理基金特別会計の歳出は公債等の償還に１３６兆円（２０１３年度当初）、借入金の償還に39兆円、公債利子等に11兆円が主要項目となっている。公債等償還のうち、一般会計負担が約１２０兆円、特別会計が15・８兆円（いずれも２０１３年度当初）ある。問題は、一般会計負担で公債償還費が約１２０兆円あるにもかかわらず、一般会計に反映されず、図表８-１のように10兆円程度だけが計上されていることである。公債償還費約１２０兆円は、国債整理基金特別会計による借換国債発行とセットで処理されている。60年償還ルールがこれを可能にしている。

図表8-4は一般会計と特別会計の純計（重複分を控除後）における主要経費構成（2016年度予算）を示している。まず合計額は244・6兆円である。一般会計が約100兆円であるから、144・6兆円が特別会計で支出されているが、表面には出てこない。むしろ一般会計よりも特別会計が大きいのである。そしてこの図表8-4でも、国債費が38％と最大項目である。しかもこの国債費には、国債整理基金特別会計の借換償還額約122兆円は控除されている。日本の財政で、国債費は極めて大きくなっている。[10]

こうした財政運営を可能にしている二大要因が、第4章でも指摘したが、60年償還ルールと超低金利である。国債の平均利率が1％に近づいてきたため、1000兆円の債務残高でも10兆円程で済むのである。金利が反転した場合、財政に深刻な影響が予想される。財務省試算による金利変化の利払い費への影響がある。この試算の前提は、財務省のホームページに詳細が掲載されている。[11] まず名目経済成長率は3％、または1・5％とされる。名目3％のケースは非現実的であるので、1・5％のケースを見ると、税収は2015年度の54・5兆円から2019年度には64兆円に増加するとされている。税収予想がまずかなり楽観的なシナリオとなっている。他方で、社会保障関係費は2015年度の31・5兆円から2019年度には35・1兆円となっている。このため基礎的財政収支は2015年度のマイナス13・4兆円から2016年度にマイナス8・3兆円まで縮小が見込まれている。さらに金利については、2016年度が予算積算金利である1・6％で、2020年度まで1・6％（いずれも財務省は将来予想を加味した金利と説明）である。この前提から、２％が金利が上昇した場合、利払い費は２０１７年度に２兆円増加し27兆円に、２０１８年度には４・５兆円増加し30・９兆円に達すると予想されている。楽観的な前提でも、金利が上昇した場合、日本の財政は財政危機に瀕する可能性が高い。

Ⅳ　生保による超長期国債投資と日本銀行

国債整理基金特別会計は、国債の繰り延べ機構として機能しており、国債を保有しているわけではない。そこで借換国債において、比重を高める超長期国債がいかなる投資家によって保有されているのか、検討したい。

まず超長期国債の残高であるが、利付国庫債券（40年）が８兆４９３４億円（２０１３年度末、以下同じ）、同（30年）が56兆７９１７億円、同（20年）が１６４兆９８７６億円、同（変動・15年）が32兆３１６９億円、合計２６２兆５８９６億円である。[12]内国債合計が８５３兆７６３６億円であり、30・7％に匹敵する。利付国庫債券（10年）の残高が２９９兆円であるから、超長期国債の市場規模はかなり拡大している。

超長期国債だけを対象とした国債保有のデータは存在しない。しかし、日本証券業協会の国債投資家別売買動向が手掛かりとなる。[13]このデータから２０１４年（暦年）の超長期国債の売買を投資家別

図表 8-5　大手生保の国内債券保有区分（2014 年 3 月、億円）

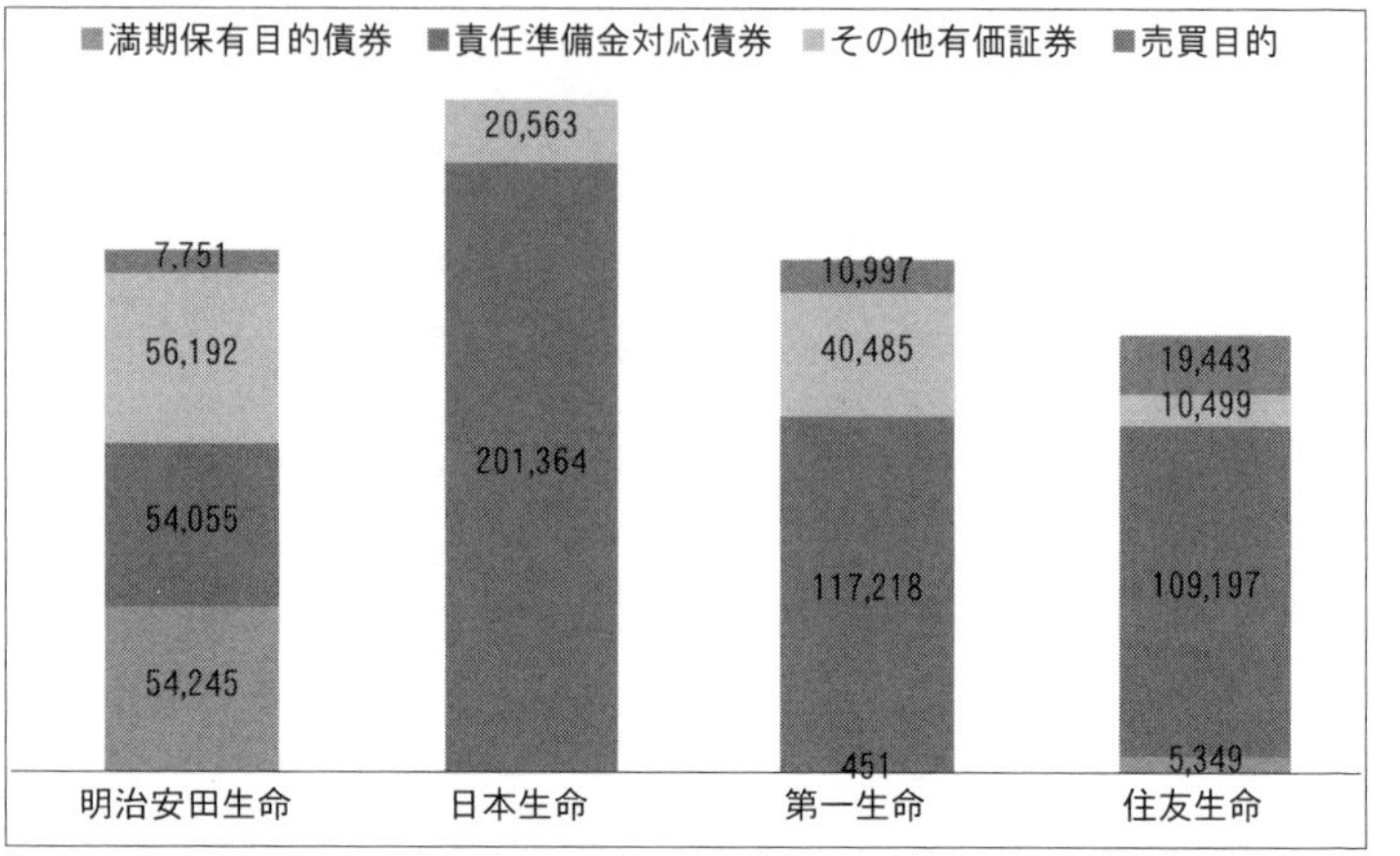

（出所）各社決算資料から作成。

に見ると、都銀が１１０４億円の売り越し、地銀が２４１４億円の買い越し、信託が８３７７億円の売り越し、農林系金融が２兆８５０９億円の買い越し、第二地銀が１６０１億円の売り越し、その他が２１３４億円の買い越し、生損保が４兆８３０１億円の買い越し、投信が２８６２億円の買い越し、外国人が３兆１４９０億円の買い越しである。したがって、やはり超長期国債を最も流通市場で買い越している民間投資家は生損保である。

図表８‐５により、大手生保の国内債券保有区分別の債券保有額（２０１４年３月期）を見てみる[14]。最大手の日本生命の場合、責任準備金対応債券が20兆１３６４億円（簿価ベース、以下同じ）、その他有価証券が２兆５６３億円と責任準備金対応債券がほとんどである。同社の場合、売買目的の債券は計上されていない。なお、同社では、保有国債（一般勘定）17兆２４４４億円のうち、残存期間別構成で10年超が13兆８０

6億円であり、保有国債のうち超長期国債が中心と見られる。

第一生命では、責任準備金対応債券が11兆7218億円、その他有価証券が4兆485億円、売買目的が1兆997億円となっている。第一生命の場合も、やはり責任準備金対応債券が中心である。同社では責任準備金対応債券の簿価11兆7218億円に対し、時価では12兆7945億円と、1兆728億円の評価益が発生している。同社では国内債券の時価運用利回りが2012年に7.27％となっているが、超長期国債の利回りは1.5％前後しかない。時価運用利回りが7％台となる要因は、この評価益に起因していると推定される。同社の保有国債（一般勘定）13兆9243億円のうち、残存期間別構成で10年超が12兆3936億円であり、やはり超長期国債が中心である。

明治安田生命では、満期保有目的債券が5兆4245億円、責任準備金対応債券が5兆4055億円、その他有価証券が5兆6192億円とほぼ3分の1ずつになっている。同社の保有国債（一般勘定）は13兆8860億円であるが、残存期間別構成で10年超は10兆2080億円であり、超長期国債が中心である。

住友生命では責任準備金対応債券が10兆9197億円、売買目的が1兆9443億円、その他有価証券が1兆4499億円、満期保有目的が5349億円である。保有国債（一般勘定）は10兆101億円であるが、残存期間別構成で10年超は8兆4942億円であり、やはり超長期国債が中心である。

生命保険会社の有価証券は、その保有目的により決算時の処理が異なる。生命保険会社ではその保有目的に応じて5つに区分（①売買目的有価証券、②満期保有目的の債券、③責任準備金対応債券、④子会社・関連会社株式、⑤その他有価証券）し評価する。

責任準備金対応債券とは、「金利変動に対する債券と責任準備金の時価変動を概ね一致させることにより、責任準備金の金利変動リスクを回避することを目的として保有する債券」と定義されている[15]。生命保険会社は、契約者に対し責任準備金を負債（確定）としている。このため、資産サイドが時価評価されると、負債と資産でギャップが発生する。そこで責任準備金対応債券では償却原価法（債券は最終的に額面となり、確定負債と一致する）が認められている。すでに日銀の国債保有で説明したものと同様で、責任準備金対応債券では、満期保有目的に近いものとなる。

満期保有目的の債券は、満期まで保有するもので、やはり償却原価法で処理される。売買目的有価証券は、短期売買で利益を得るための債券で、通常生保会社では特別勘定（変額保険等）に計上されている。

以上から明らかとなったように、生保会社では責任準備金対応債券と満期保有目的債券が中心であり、残存期間別構成では10年超の超長期国債が中心である。しかし、超長期国債の利回り低下は、運用利回りの低下につながりやすい。このため、生保会社は超長期国債の保有を増やさず、運用利回りの上昇を求めて、外国証券の保有を増やしている。

生保が国債保有に消極的となるなか、超長期国債を中心として、国債保有を増加させているのは、日本銀行である。２０１３年３月に、日本銀行による20年債保有額は15兆６７２８億円であったが、２０１６年６月には53兆円と約３倍以上となった。また30年債と40年債については、２０１３年３月には保有ゼロであったが、２０１６年６月には同順で17兆５１６７億円、３兆６０９３億円となった。こうした結果として、日本銀行による超長期国債保有額は約74兆円に達している。すでに述べたように、民間最大手の超長期国債投資家と見られる日本生命ですら、10年超の国債保有額は13兆円程度であったから、日本銀行は最大の超長期国債買い手となっている。債券は長期ほど、価格変動リスクが大きくなる。超長期国債を大量に保有する日銀は、大きなリスクを抱えている。

V　まとめに代えて

60年償還ルールと低金利によって、国債発行に歯止めがかからなくなっており、さらに国債整理基金特別会計という仕組みによって、日本の財政実態は見えにくくなっている。しかし、本章で指摘したように、一般会計と特別会計合計で見ると、国債費は92兆円に達している。これは社会保障関係費の86兆円を上回り、日本財政の最大の費目となっている。

こうした財政状況のなかで、国債の長期借換が進み、超長期国債が増加している。超長期国債の投資家として、生保が中心であるが、生保は国債利回り低下によって国債保有を抑制している。超長期国債を買い支えている主体は、日本銀行となりつつある。将来的に長期金利が上昇した場合、中央銀行と通貨への信認問題となる可能性は否定できない。

（注）

（１）先行研究として、須藤時仁、「減債基金は機能しているか?」、『証券レビュー』、第54巻第12号、２０１４年12月は数少ないアプローチである。翁邦雄、『日本銀行』、ちくま新書、２０１３年７月、２２３〜２４２ページ、加藤出、『日銀、「出口」なし!異次元緩和の次に来る危機』、朝日新書、２０１４年参照。

（２）１９２０年代のイギリスでは、国債保有者がレントナー（かのＪ・Ｍ・ケインズが金利生活者の利子安楽死として攻撃した）と呼ばれた個人富裕層であり、他方で増税が間接税であったため、社会的対立が生まれた。拙著、『現代イギリス財政論』、勁草書房、１９９９年、56ページ。

（３）中島将隆、『日本の国債管理政策』、東洋経済新報社、１９７７年、10ページ。

（４）『国債統計年報』平成25年度版参照。

（５）財務省、『特別会計ガイドブック』、平成25年度、および参議院予算委員会調査室、『財政関係資料集』、平成26年度、９ページ参照。

（６）Office for National Statistics, *Public Sector Finance*, 2014 December および *National Loans Fund Account 2011-12* 参照。

（７）交付税および譲与税配付金特別会計の新規借入が２００７年度以降停止されたが、地方財政の財源不足は深刻化し、地方債増加への圧力となった。特に実質的な赤字地方債である臨時財政対策債が毎年６〜８兆円発行されている。

（８）財務省、『債務管理レポート２０１４』、１４２〜１４３ページ、および財務省、『特別会計ガイドブック』、平成25年度、36ページ参照。

（９）財務省、『特別会計ガイドブック』、平成25年度、81ページ。外国為替資金特別会計も一般会計繰入を増やしている。

（10）国債整理基金特別会計で借換国債が発行されており、借換国債は国債整理基金特別会計の貸借対照表で負債に計上されるべきである。しかし、国債整理基金特別会計の総資産・総負債は約30兆円でしかない。この30兆円は一般会計から繰り入れられた財源残高である。財務省は、特別会計では特別の会計処理ができる、としている。財務省、『特別会計ガイドブック』、平成25年度、６ページ。

（11）http://www.mof.go.jp/budget/topics/outlook/sy2802a.pdf

（12）『国債統計年報』平成25年度版参照。

（13）http://www.jsda.or.jp/shiryo/toukei/toushika/tkbk/index.html

（14）各生命保険会社の決算資料参照。

（15）http://www.seiho.or.jp/data/publication/tora/pdf/tora_4.pdf

第9章　外国為替資金特別会計と政府短期証券

Ⅰ　はじめに

本章の課題は、日本の外国為替資金特別会計を、一般会計との関係において検討する。その際、外国為替資金証券（政府短期証券のほとんどを占める）の役割に注目する[(1)]。

すでに指摘したが、日本の財政の特質のひとつは、一般会計に比較して特別会計の規模が大きいこと、ならびに一般会計歳入において「その他収入」（その主要部分は特別会計からの一般会計繰入、日本銀行からの国庫納付金等）が大きいことである。例えば、2010年度の一般会計当初予算において、税収が37・4兆円に対し、「その他収入」は10・6兆円（うち特別会計受入金が約8兆円、日銀等納付金が6321億円）であった。この傾向は2015年度においても継続しており、当初予算で税収が54・5兆円に対し、「その他収入」は約5兆円となっている。

日本の「その他収入」を構成する主要な要因は、日本銀行による国庫納付金、財政投融資特別会計となららび、外国為替資金特別会計である。外国為替資金特別会計は本来、外国為替レートの安定化のため、為替介入をするための特別会計である。しかし、近年では、介入が実施されなくとも、外国為替資金証券が発行され、同証券残高が増加している。これは、外貨建て資産からの金利収入（ドル建て）を円建てとみなし、外国為替資金証券を発行し、金利収入対応額を一般会計へ繰り入れているからである。外国為替資金証券は為替介入のファイナンスではなく、一般会計繰り入れを一因として発行されており、実質的に隠れた赤字国債と化している。

Ⅱ　日本の外国為替資金特別会計

過去において、日本銀行は財務省の代理人として、外国為替市場に介入を行ってきた。周知のように、我が国では、外国為替市場への介入の主体は財務省であり、日銀は代理人として介入するに過ぎない。先進国のなかで、日本とイギリスは、介入主体が財務省であり、中央銀行が代理人というスキームで共通している。しかし、為替介入はタイムラグを伴うものの、ベースマネーの増加につながりやすく、中央銀行の独立性（政府からの独立性）といった観点から大きな問題がある。日銀が為替介入する際、外国為替資金特別会計で発行された外国為替資金証券が原資となる。

日本では、１９９０年代まで為替介入が大規模に実施されたが、２００４年後半から２０１０年前半まで、全く介入が実施されなかった。実施されなかった背景として、国会などで日銀の為替介入への批判が高まったことが推定される。介入の効果が小さい、外国為替資金特別会計による米国債の保有が増加し米国財政のファイナンスを支えている、外国為替資金特別会計が財政民主主義の観点から問題である、等々の批判がなされた。介入原資としての外国為替資金証券（国庫短期証券）の発行上限については、国会で承認が必要だが、介入に伴い引き上げられてきた。外国為替資金証券の発行限度額は２００４年度には１４０兆円であったが、２０１２年度には１９５兆円まで引き上げられ、２０１６年度でも同じである。外国為替資金証券以外を含む、政府短期証券全体の発行限度額は２３４兆円（２０１６年度）まで引き上げられている

Ⅲ　外国為替資金特別会計の財務構造

図表９-１が示すように、外国為替資金特別会計の損益は、損失（費用）としては借入金利子が中心で、これは外国為替資金証券の利払い費である。極めて低い金利で同証券が発行されてきたため、２０１４年度にあっても、借入金利子は２１５億円に低下した。損失における一般会計繰入とは、毎年の公債発行等特例法で規定されたもので、利益処分での一般会計繰入とは別である。(2) 他方、利益は運用収入と「外国為替等売買差益」から成る。運用収入は、介入により購入したドル資金をドル建て債券等で運用しており、発生する金利収入である。２００４年に大規模な為替介入が実施され、保有する外貨証券が急増したため、運用収入も２００３年の１兆７４５０億円から２００５年には３兆１

図表 9-1　外国為替資金特別会計の主要指標

年度(末)		2004	2005	2006	2007	2008	2009	2010	2011	2012	2013	2014
損失	一般会計繰入							3,500	2,309			
	借入金利子	54	76	3,517	6,022	5,279	1,668	1,263	1,177	1,085	785	215
利益	外国為替等売買差益	9	12	47	414	841	1,576	3,195	2,872	8,917	9,021	1,340
	運用収入	22,518	30,138	39,066	45,117	38,402	29,481	27,290	23,577	20,939	24,074	24,113
	本年度利益	22,255	29,653	35,322	39,268	33,761	29,225	29,819	25,571	28,532	32,095	34,134
資産	外貨建証券	703,244	755,014	822,343	882,553	854,405	788,895	772,856	826,008	947,354	1,164,241	1,244,181
	外国為替等評価損	37,631	–	–		101,704	128,713	84,666	64,895	–		
	外国為替等繰越評価損	76,562	114,193	84,243	45,663	32,579	134,282	262,995	347,661	412,557	273,825	
負債	外国為替資金証券	947,207	959,747	993,246	1,029,336	1,068,697	1,045,354	1,093,130	1,150,870	1,139,510	1,143,350	1,155,280
	外国為替等評価益	–	29,950	38,580	13,084	–	–	–	–	138,731	175,212	
	積立金	134,026	142,091	155,524	174,557	195,825	205,586	205,586	204,828	210,674	219,919	
	その他資産負債差額											270,102
翌年度	一般会計繰入	14,190	16,220	16,290	18,000	24,000	25,007	27,023	19,725	19,286	15,852	14,281

（出所）　参議院予算委員会調査室、『財政関係資料集』から作成。

３８億円に増加した。２００７年のリーマンショック前後にはアメリカでも金利が上昇したため、４兆５１１７億円もの運用収入となった。近年では、運用収入は、おおむね２兆円台で推移している。

利益における「外国為替等売買差益」とは、「外国為替基準相場」と実際の介入時の為替相場との評価益に近いものである。外国為替資金特別会計では、財務大臣が告示し日銀が発表する「外国為替基準相場」にもとづいて財務書類が作成される。この基準相場は、前々月の実勢相場の平均である。通常、介入が実施される場合、円高が急速に進展しており、基準相場と実際の介入相場には乖離が発生する。例えば、2011年10月の基準相場は1ドル＝77円であったが、実際の介入は安住財務相（当時）の発言（2012年2月10日、財務相は衆院予算委員会で、75円63銭で介入を指示したと発言）にもあるように、75円63銭等で実施されている。このため、1ドルの購入価格は77円と75円63銭の乖離である1円37銭分の「外国為替等売買差益」を発生させることとなる。大規模介入が実施された2004年1～3月について、2003年度には1兆9234億円の外国為替等売買差益が計上されている。同様に、2012年度にも同売買差益が8917億円も計上された。

外国為替資金特別会計の損益は、以上のように、損失としての借入金利子、利益としての運用収入と外国為替等売買差益から構成されており、年度によって変動するが、2～3兆円の利益が計上されている。

この利益は「翌年度の一般会計に繰り入れ」と「積立金」に処理される。図表9-1が示すように、2004年度の場合、利益は2兆2255億円であったが、一般会計には1兆4190億円が繰り入れられ（63・8％）、積立金に8065億円が計上された。2004年度と2005年度の積立金の差額は8065億円となり、これに該当する。しかし2010年度には、利益は2兆9819億円に対し、一般会計繰入は2兆7023億円（90・6％）が計上された。傾向としては、一般会計繰入が増加し、積立金計上は減少している。外国為替資金特別会計の健全性、安定性という観点からは問題であろう。

積立金は、財務省によると、①内外金利の逆転による将来の歳入不足に備え、②円高が進行した場合の外貨資産の評価損の拡大に備えるため、特別会計の健全な運営に必要とされる。このため、年度末における「外貨資産」（外貨預金、外貨貸付、金地金、外貨証券、特別引出権、外国為替評価損の合計から、外国為替評価益を控除）の30％を積立限度額としている。[3] 積立金は外国為替等繰越評価損（保有する外貨証券の評価損。基準相場により再評価されるため評価損益が発生）との対応で計上されており、積立上限額という意味よりも、本来は積立下限額という性格であろう。２０１４年度で積立限度額を計算すると、外貨資産合計が１３９兆７７４８億円であり、30％から、41兆９３２４億円となる。しかし実際の積立金（その他資産負債差額）は27兆１０２億円であり、14兆９２２２億円不足している。外国為替資金特別会計の資産は、主として外貨建証券であるから、円高局面では為替評価損、円安局面では為替評価益が発生する。

さらに問題は、外国為替資金特別会計の利益を処分し、一般会計に繰り入れる、あるいは積立金へ計上する際、ドル建ての利益を円建てとみなし、外国為替資金証券を発行し、その調達された円資金で利益処分していることである。すなわち、同会計の利益は、外貨証券の金利収入、外国為替等売買差益から構成されるが、これらはドル建てである。しかしドル資金を売却し、円資金に転換することは、円高要因になるので、できない。そこで本来、ドル建ての利益を、円建てとみなし、外国為替資金証券を発行して円資金を調達し、その調達された資金で利益処分している。この結果、為替介入が実施されないのに、外国為替資金証券の残高が積み上がっていくことになる。２００４年度から２００９年度まで為替介入は実施されていないが、外国為替資金証券の残高が増加しているのは、こうした手法の反映である。

本来、ドル建ての利益を、円建てとみなし、外国為替資金証券を発行して円資金を調達し、一般会計繰入と積立金計上がなされている。積立金に対応する円資金は、円貨預金であるが、財政投融資預託金で運用され、財政投融資の原資の一部を構成している。介入により取得されたドル資金は、主として外貨証券で運用されるが、２００４年における70兆３２４４億円から２０１４年度には１２４兆４１８１億円まで増加している。同時に、外国為替基準相場の変動により、外貨証券の評価損が発生し、繰越評価損として累積していた。図表９-１が示すように、繰越評価損は２００４年には７兆円超であったが、２０１２年には41兆２５５７億円まで膨らんだ。他方で、積立金残高は２０１０年度末に20兆５５８６億円で、初めて繰越評価損との逆転が発生している。企業会計でも、保有有価証券の評価損が大きくなれば、期間損益に反映されるが、特別会計では期間損益と保有有価証券の評価損が切り離されており、大きな問題と言わざるをえない。そして利益が発生しているとみなし、外国為替資金証券を発行し、一般会計繰入されている。外国為替資金特別会計による一般会計繰入は２０１０年度に２・７兆円まで増加し、近年では１～２兆円で推移している。これを可能にしているのは、外国為替資金証券であり、外国為替資金証券は「隠れた赤字国債」という側面も持っている。

外国為替資金特別会計では、近年、徐々に情報開示されている。これはＳＷＦ（政府系ファンド）

図表 9-2　外国為替資金特別会計の保有外貨証券

（億円、10 億ドル）

満期＼年度	2007	2008	2009	2010	2011	2012	2013	2014
満期１年以下	245,909	209,340	145,121	87,661	111,339	98,371	116,701	235,703
１年超５年以下	428,639	459,368	464,141	473,972	508,414	603,286	764,373	706,865
５年超	249,939	231,735	210,431	232,597	244,414	293,093	310,425	344,479
内訳＼年度	2007	2008	2009	2010	2011	2012	2013	2014
国債	630,918	617,439	580,002	547,094	644,339	770,609	949,038	1,025,896
国債以外	293,568	283,005	239,690	247,136	219,829	224,140	242,462	261,151
運用利回り（％）	4.32	3.69	3.08	3.13	2.66	2.12	2.09	1.85
米国債（10 億ドル）	597.4	686.7	783.3	908.1	1,080.3	1,114.3	1,200.3	1,224.4

（注）　米国債は日本による米国債保有額で民間含む。
　　　2012 年３月の基準相場は１ドル＝77 円
　　　2014 年３月の基準相場は１ドル＝104 円
　　　2015 年３月の基準相場は１ドル＝118 円
（出所）　財務省および米財務省　http://www.treasury.gov/ticdata/Publish/mfhhis01.txt

の残高増加に伴い、ＩＭＦやＯＥＣＤなどから情報開示の要請があったためと見られる。現在、日本の外国為替資金特別会計では、図表９－２が示すように、外貨証券の満期構成、国債と国債以外の内訳が公表されている。アメリカの介入勘定であるＥＳＦ（為替安定勘定、財務省）とＳＯＭＡ（公開市場勘定、ＦＲＢ）が通貨建て内訳も公表していることを考慮すると、外国為替資金特別会計のディスクロージャーは決して進んでいるものではない。またＥＣＢも外貨準備の通貨別内訳を公表しており、日本よりも開示されている。[4]

　外国為替資金特別会計では、外貨証券の満期別構成を公表しているが、２０１４年度末で、満期１年以下が23兆５７０３億円、１年超５年以下が70兆６８６５億円、５年超が34兆４４７９億円となっている。満期構成の変化としては、２００７年度には１年以下が24兆５９０９億円で構成比26・6％であったが、２０１３年度には11兆６７０１億円で９・８％まで低下している。短期債は収益性が低い（利回りが低い）ものの、安全性は高い。他方、１年超５年以下の中期債は２００７年度に42兆８６３９億円で構成比46・４％であったが、２０１３年度末には76兆４３７３億円で64・２％へ上昇した。外国為替資金特別会計が、短期債の構成比を低め、中期債の構成比を高めてきたが、運用利回り（収益性）を高めるため、であったと見られる。金利収入を増やせば、利益が増え、一般会計繰入も増やせるからである。しかし、中期債へのシフトは金利リスクを高めることでもある。

次に、外国為替資金特別会計が保有する外貨証券の、国債と国債以外の構成について見る。同会計が保有する外貨証券のうち、２００７年度に国債は63兆９１８億円であったが、国債以外は29兆３５６８億円であった。２０１４年度には国債は１０２兆５８９６億円で、国債以外は26兆１１５１億円であった。国債は大きく変動してはいないが、国債以外は２０１１年度まで減少し、その後増加している。外国為替資金特別会計で保有する「国債以外」とは、実質的に米国政府関係機関債であり、ＦＮＭＡ（ファニーメイ）、ＦＨＬＭＣ（フレディ・マック）等と推定される。(5)

以上で見たように、満期構成では長期化が進み、国債以外の比率が低下した後、増加しているが、同特別会計の運用利回りは２００７年度の４・32％から、２０１４年度には１・85％まで低下している。米国も含み、国債の利回り低下が進んでいるため、運用利回りも低下している。

外国為替資金特別会計が保有する国債については、ほとんどが米国債と見られる。日本の外国為替資金特別会計による介入は、米ドル買い操作が中心であり、ユーロ買いはわずかである。同特別会計により保有される外貨証券は米国債がほとんどと推定される。保有する国債は2007年度に63兆918億円であり、2014年度で102兆5896億円と増加している。しかし、アメリカの財務省・FRBから公表されている米国債の国別保有額（民間分を含む）を日本について見ると、図表9-2が示すように、2014年度末（2015年3月）に1兆2244億ドルである。[6]他方、外国為替資金特別会計による国債保有額は2014年度末に102兆5896億円であり、基準相場でドル建てに換算すると、8694億ドルとなる。したがって日本による米国債保有額1兆2244億ドルのうち、8694億ドルが外国為替資金特別会計によって保有され、71%を占めていることになる。日本で為替介入すると、米ドル買い、米国債買いとなり、結果として米国財政のファイナンスと米金利の低下をもたらしている。このコストは外国為替資金証券の発行であり、最終的に元利払いが日本国民の負担となることに変わりはない。

Ⅳ　政府短期証券の発行市場の変化

1998年までは、財務省の判断で為替介入する場合、外国為替資金証券が外国為替資金特別会計によって発行され、日銀引受で消化されていた。日銀は同証券を市場実勢より大幅に下回る利回りで引き受けていた、と指摘されている。この資金により日銀が為替介入してきた。このため、1998年までは、外国為替資金証券の残高は、為替介入と概ね相関していたと見られる。しかし第7章でも指摘したように、1998年に大規模な為替介入が繰り返され、外国為替資金証券の発行限度額を超えてしまったこと、また1998年以降日銀に外貨準備（ドル建て）の一部が残った。

こうした事情を背景とし、また外国為替資金証券の日銀引受に対する批判もあり、1999年に制度が改正された。1999年3月以降、①政府短期証券（FB、ほとんどが外国為替資金証券）は公募入札発行とする、②日銀の政府当座預金に、「国内指定預金（一般口、外国為替資金口、食糧管理口、資金運用部口）」を設け、当座預金の余裕金を国内指定預金に組み替える、③国内指定預金にFB平均利回りを0.05%下回る金利を付す、④日銀は例外的にFBを引き受ける、となった。(7)この改正により、第一に、政府短期証券の発行における資金源は、公募、政府余裕資金（国内指定預金）、例外的に日銀（すみやかに償還）という3つとなった。第二に、FBの金利が市場実勢となったものの、国内指定預金にはFB利回りマイナス0.05%という水準で付利されることとなった。2016年現在では、補完当座預金制度によって民間銀行等の超過準備預金に付利されているが、1999年当時はこうした制度はなく、政府の国内指定預金はいわば特権的に付利されていた。1998年まで、日銀によってFBが市場実勢を大幅に下回る利回りで引き受けられ、FBの日銀引受が廃止されても、1999年以降は日銀で政府預金だけが付利された。

この結果として、政府は政府預金に余裕があれば、国内指定預金に振り替え、付利されると共に、必要に応じて、政府短期証券を国内指定預金で消化できることとなった。日銀の政府預金は、財政資金の需給を反映するから、税収などが増加し、歳出の支払いを超えると、余裕が生まれる。2014

図表 9-3　政府預金残高と FB 公募発行比率

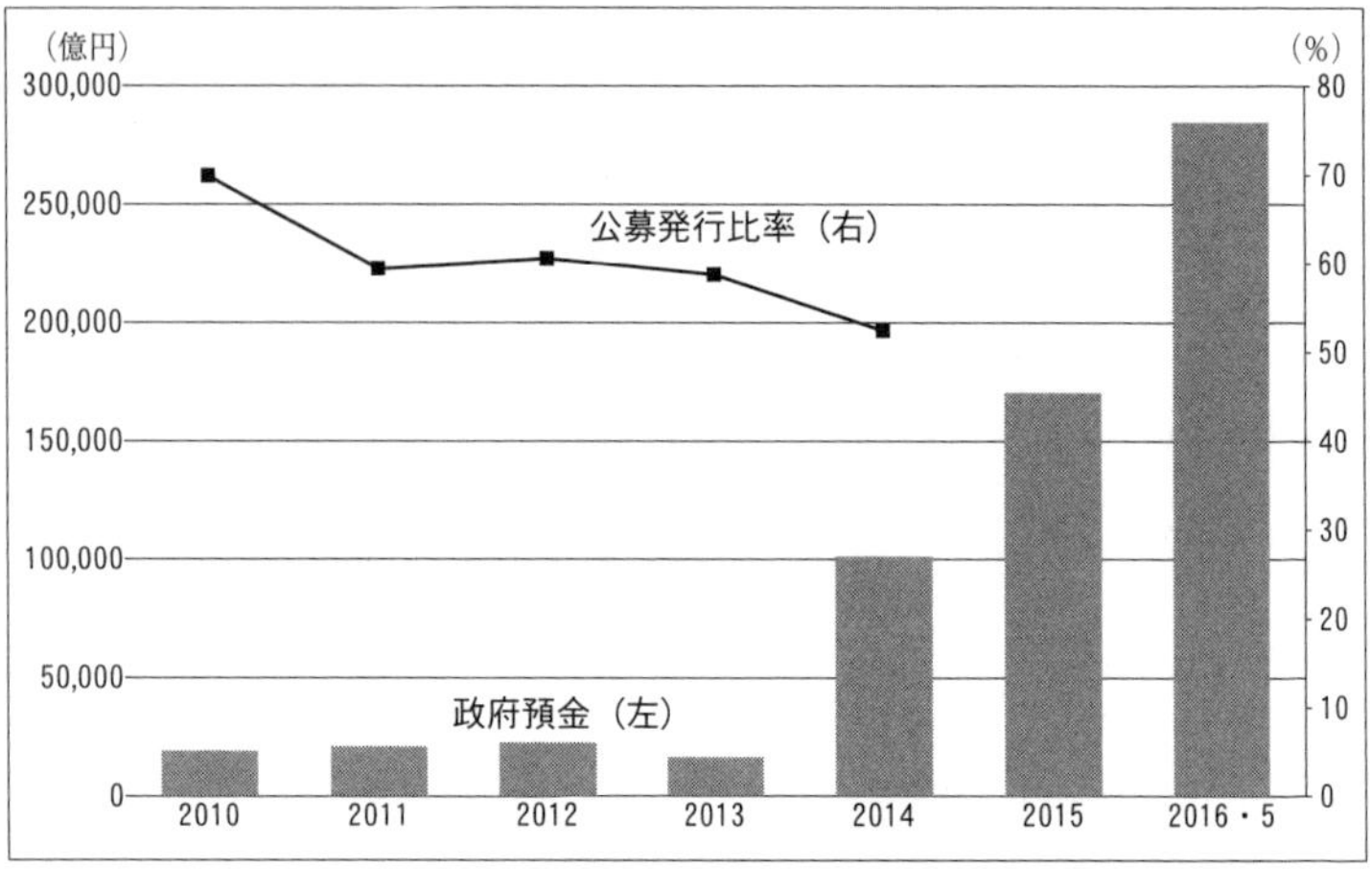

（注）　政府預金は年末ベース、公募発行比率は年度ベース。
（出所）『日本銀行統計』、『財政金融統計月報』から作成。

年度に入ってから、政府預金の残高は増加し、このため政府預金の国内指定預金で、政府短期証券が引き受けられており、結果として公募発行比率は低下している。

図表９−３は政府預金残高とＦＢ公募発行比率を示している。政府預金残高は季節性が強いが、年末ベースで見ると、２０１０年から２０１３年にかけては2兆円前後であった。しかし、２０１４年から急増しており、２０１６年５月現在では28兆４５３４億円に達している。こうした政府預金が増加した背景としては、税収増のほか、歳出面で予算執行が遅れていることも想定される。国庫金残高内訳を見ると、会計別で、交付税及び譲与税配布金特別会計が１兆８６７０億円、東日本大震災復興特別会計が１兆５１７０億円（26年度末）と突出している。他方で、一般会計は６兆１９６０億円の不

足（マイナス）となっている。[8]公共事業等で種々の事情から予算が執行できず、政府預金に滞留し、この政府預金で政府短期証券を消化し、外国為替資金特別会計等を経由して一般会計に繰り入れていると見られる。

政府短期証券はほとんどが外国為替資金証券であり、２０１５年度末に政府短期証券残高は83・７兆円であるが、うち外国為替資金証券は82・４兆円を占める。外国為替資金証券は、外国為替資金特別会計で発行され、本来、為替介入のファイナンス手段である。しかし、外国為替資金証券を中心とする政府短期証券の発行は、今日、為替介入との関連性に乏しい。為替介入の実績は、２００４年以降では、同年１～３月に14・８兆円、２０１０年７～９月に２・１兆円、２０１１年に14・３兆円であり、４～５年から10年に１回程度の介入である。

現在、外国為替資金特別会計と外国為替資金証券を中心とする政府短期証券は、為替介入との関連は薄まり、国庫の資金繰りとの関係が強まっている。近年における、国庫余裕金繰替使用（政府預金余裕金の振替）の内訳を見ると、ほとんどが外国為替資金特別会計である。２０１３年度の場合、国庫余裕金繰替使用合計８兆７２６０億円に対し、全額が外国為替資金特別会計であり、２０１４年度も繰替使用合計５兆４３８１億円のうち、外国為替資金特別会計が５兆４８２５億円である。[9]

V　外国為替資金特別会計と一般会計繰入

以上で見たように、外国為替資金特別会計と外国為替資金証券は、本来の為替介入という役割よりも、国庫の資金繰りに寄与するようになっている。その象徴が、同会計から一般会計への繰入である。外国為替資金特別会計は、一般会計繰入に関し、長い歴史を持っている。しかし、塩川元財務大臣による、母屋（一般会計）でおかゆ、離れ（特別会計）ですき焼き、という発言（2003年2月）を契機として、特別会計が改革され、2007年に特別会計に関する法律として結実した。この特別会計に関する法律により、ばらばらであった特別会計の規定が統一された。同時に、特別会計から一般会計への剰余金繰入に関し、すべての特別会計で可能となった(10)。

特別会計に関する法律が成立する前の、2005年度決算において、特別会計から一般会計への繰入は合計で1兆6655億円だったが、うち外国為替資金特別会計分は1兆6220億円であった。しかし、図表9-4が示すように、特別会計に関する法律が2007年度に成立し、2008～2010年度に一時的に特別会計から一般会計繰入が増加した。これは特例として、財政投融資特別会計等の積立金を取り崩し、一般会計に繰り入れたためである。2008年度には、外国為替資金特別会計（剰余金）から2・4兆円、財政投融資特別会計（積立金）から4・2兆円、2009年度にも外国為替資金特別会計（剰余金）から2・5兆円、財政投融資特別会計（積立金）から7・3兆円、201

図表9-4　特別会計からの一般会計繰入

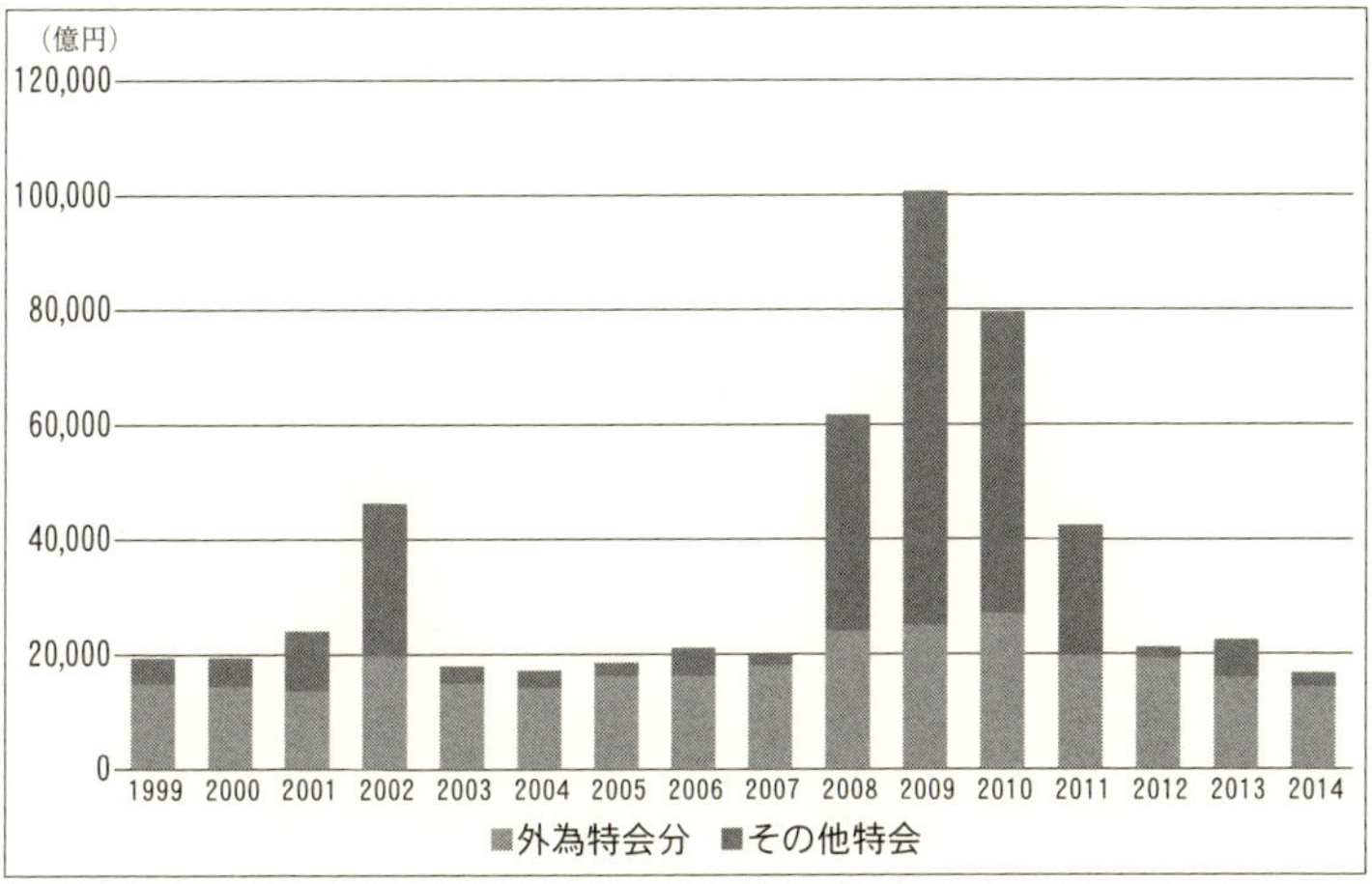

（注）　決算ベース。
（出所）　参議院予算委員会調査室、『財政関係資料集』から作成。

０年度も同じく２・７兆円、４・８兆円を繰り入れた。財政投融資の積立金は、金利変動準備金であり、２０１４年度末で約99兆円ある財投債の金利が変動（上昇）した場合の備えである。東日本大震災対策でも使用され、同積立金残高は２０１３年度末に１６７１億円までに枯渇した。２０１２年度以降、財政投融資特別会計（積立金）からの繰入が減少し、再び外国為替資金特別会計からの繰入が中心となっている。

Ⅵ　まとめに代えて

外国為替資金特別会計は本来、為替平衡勘定である。しかし、過去の為替介入で円売り・ドル買いが繰り返され、ドル建て証券が積み上がり、ドル建て金利収入が発生している。近年では、為替介入の頻度は数年から10年に１回であり、為替平衡勘定としての性格よりも、ＳＷＦ（政府系基金）としての性格が強まっている。しかし、ドル建て金利収入を円建てに転換することはできないので（円高要因）、ドル建てのままとし、円建てで政府短期証券（ＦＢ、外国為替資金証券）を発行し、円資金を調達している。１９９９年以降、ＦＢの日銀引受が廃止され、同時に政府預金の余裕資金で政府短期証券が消化されている。こうした状況において、外国為替資金特別会計から一般会計への繰入が続いており、政府短期証券は実質的に隠れた赤字国債となっている。

（注）

（１）　外国為替資金特別会計に関わる先行研究としては、河村小百合、「我が国の外国為替市場介入・外貨準備政策の問題点」、『Japan Research Review』、１９９６年６月、須田美矢子、「外国為替資金特別会計と外国為替政策」、『学習院大学　経済論集』、第36巻第2号、１９９９年８月、渡瀬義男、「外国為替資金特別会計の現状と課題」、『レファレンス』、国立国会図書館調査及び立法考査局、２００６年12月、鈴木克洋、「外国為替市場介入をめぐる諸問題」、『経済のプリズム』、参議院調査室、第85号、２０１０年11月。

（２）　鈴木克洋［２０１０］、13ページ。

（3）鈴木克洋〔2010〕、15ページ。

（4）2012年3月末現在、SOMAがユーロ142億ドル、円107億ドル、ESFがユーロ142億ドル、円107億ドル、各合計250億ドルを保有する。また日本円の各107億ドルの内訳は、現預金は各35・5億ドル、市場性証券が各72億ドルである。

FRB of New York［2012］, *Treasury and Federal Reserve Foreign Exchange Operations*, October–December.

ECBは2012年年末現在、米ドルを452億3500万ドル、日本円を1兆465億5200万ドル、それぞれ保有し、公表している。

ECB［2013］, *Annual Account of the ECB*, February.

（5）湯本雅士［2008］、『日本の財政　何が問題か』、岩波書店、182ページ。

（6）Department of the Treasury, *Major Foreign Holders of Treasury Securities*, http://www.ustreas.gov/tic/mfh.txt

（7）日本銀行、「政府短期証券（FB）の公募入札発行について」、1999年3月5日。

（8）『財政金融統計月報』、2015年12月号、「国庫金残高内訳推移」。

（9）『財政金融統計月報』、2015年12月号、「国庫余裕金繰替使用および一時借入金の平均残高」。

（10）櫻井真司、「特別会計剰余金の一般会計への繰入れに関する考察」、『立法と調査』、2007年7月号、270号、98～107ページ。

【ラ行】

【タ行】

【サ行】

索　　引

著者紹介
代田　純（しろた　じゅん）
一九五七年　横浜生まれ
一九八九年　中央大学大学院博士課程満期在籍中退
一九九一年　（財）日本証券経済研究所大阪研究所研究員
一九九三年　ロンドン・スクール・オブ・エコノミクス学術訪問員
一九九四年　立命館大学国際関係学部助教授
一九九七年　ミュンヘン大学日本センター客員教授
一九九七年　博士（商学）
二〇〇〇年　立命館大学国際関係学部教授
二〇〇一年　公益財団法人日本証券経済研究所客員研究員（現在に至る）
二〇〇二年　駒澤大学経済学部教授（現在に至る）
二〇一六年　ミュンヘン大学日本センター客員研究員
　この他、東京大学、大阪市立大学、成城大学、中央大学で非常勤講師

主な著書
単著『ロンドンの機関投資家と証券市場』（法律文化社、一九九五年）
『現代イギリス財政論』（勁草書房、一九九九年）
『日本の株式市場と外国人投資家』（東洋経済新報社、二〇〇二年）
『図説　やさしい金融財政』（丸善、二〇〇六年）
『新版　図説　やさしい金融財政』（丸善、二〇〇九年）
『ユーロと国債デフォルト危機』（税務経理協会、二〇一二年）
『ユーロ不安とアベノミクスの限界』（税務経理協会、二〇一四年）
『誰でもわかる金融論』（学文社、二〇一六年）
編著『日本の国債・地方債と公的金融』（税務経理協会、二〇〇七年）
『金融危機と証券市場の再生』（同文館出版、二〇一〇年）
『証券市場論』（有斐閣、二〇一一年、共編）
『現代国際金融（第三版）』（法律文化社、二〇一六年、共編）

日本国債の膨張と崩壊
―日本の財政金融政策―
平成二十九年二月二十五日　第一版第一刷発行
検印省略
著　者　代　田　　純
発行者　前　野　　隆
東京都新宿区早稲田鶴巻町五三三
発行所　株式会社　文　眞　堂
〒一六二―〇〇四一
電　話　〇三―三二〇二―八四八〇
FAX　〇三―三二〇三―二六三八
振　替　〇〇一二〇―二―九六四三七番
印刷・モリモト印刷
製本・イマキ製本所
http://www.bunshin-do.co.jp/

ISBN978-4-8309-4934-0 C3033